JN445067

聖 經
성 경

筆 寫
필 사

第 五 卷 ㊤

列王紀下 16-25장
曆代誌上 01-29장

聖經筆寫協會 著: 柳賢授

서 문 (序文)

필사와 필기의 개념을 먼저 생각을 하려고 합니다.

필사는 말 그대로 글자 위에 글씨를 따라 그리는 형태를 말하고 필기는 글을 받아 적거나 글을 보고 백지면 위에 글씨를 쓰는 형태를 말합니다.
이 책은 제목처럼 필사입니다.

처음에는 모방을 하는 듯 하지만 시간이 지나면서 인내심도 깊어지고 악필이라고 하는 난필을 교정하고 오랜 시간이 지나면 자신도 모르는 사이에 자신만의 필체를 만들어가며 생활에서 마음 속 깊이 자부심이 심어지고 인내심과 정신력이 깊이 향상되어 가고 있는 것을 깨닫게 될 것입니다.

혼자서 필사를 하려고 하다가 같이 필사를 해야겠다는 생각을 하고 준비를 했습니다.

도서출판 보혜 드림

五卷㊤目次
오 권 목 차

열왕기하

왕하16장
왕하17장
왕하18장
왕하19장
왕하20장
왕하21장
왕하22장
왕하23장
왕하24장
왕하25장

역대상

대상1장
대상2장
대상3장
대상4장
대상5장
대상6장
대상7장
대상8장
대상9장
대상10장

역대상

대상11장
대상12장
대상13장
대상14장
대상15장
대상16장
대상17장
대상18장
대상19장
대상20장
대상21장
대상22장
대상23장
대상24장
대상25장
대상26장
대상27장
대상28장
대상29장

列王紀下 第十六章
열 왕 기 하 제 십 육 장

왕하16:1

利瑪利子比加
리 마 리 자 비 가

十七年、
십 칠 년

猶大王約坦子
유 대 왕 약 탄 자

亞哈斯卽位、
아 합 사 즉 위

왕하16:2

時、
시

年二十歲、
년 이 십 세

在耶路撒冷爲王、
재 야 로 살 랭 위 왕

歷十六年、
력 십 육 년

不若厥祖大衛、
불 약 궐 조 대 위

行其祆上帝
행 기 천 상 제

耶和華所悅、
야 화 화 소 열

왕하 16:3

乃循以色列
내 순 이 색 열

諸王之道、
제 왕 지 도

並使其子經火、
병 사 기 자 경 화

效異邦可憎
효 이 방 가 증

之惡行、
지 악 행

卽耶和華於
즉 야 화 화 어

以色列人前、
이 색 열 인 전

所逐諸族之事、
소 축 제 족 지 사

왕하 16:4

且於崇邱、
차 어 숭 구

山岡之上、
산 강 지 상

綠樹之下、
록 수 지 하

獻祭焚香、
헌 제 분 향

왕하16:5

亞蘭王利汛與
아 란 왕 리 신 여

以色列王利瑪利
이 색 열 왕 리 마 리

子比加、
자 비 가

上耶路撒冷欲戰、
상 야 로 살 랭 욕 전

圍亞哈斯、
위 아 합 사

而不能勝之、
이 불 능 승 지

왕하16:6

當時亞蘭王利汛
당 시 아 란 왕 리 신

恢復以拉他、
회 복 이 랍 타

歸於亞蘭、
귀 어 아 란

驅猶大人出、
구 유 대 인 출

亞蘭人至而居之、
아 란 인 지 이 거 지

迄於今日、
흘 어 금 일

왕하 16:7

亞哈斯遣使見
아 합 사 견 사 견

亞述王提革拉
아 술 왕 제 혁 랍

毘列色曰、
비 열 색 왈

我爲汝僕汝子、
아 위 여 복 여 자

今亞蘭王與以色
금 아 란 왕 여 이 색

列王起而攻我、
열 왕 기 이 공 아

請來救我
청 래 구 아

脫於其手、
탈 어 기 수

왕하 16:8

亞哈斯以耶和華
아 합 사 이 야 화 화

室與王宮府庫、
실 여 왕 궁 부 고

所有之金銀、
소 유 지 금 은

饋亞述王、
궤 아 술 왕

왕하16:9

亞述王允其所求、
아 술 왕 윤 기 소 구

往攻大馬色
왕 공 대 마 색

而取之、
이 취 지

虜其居民至吉珥、
로 기 거 민 지 길 이

並殺利汛、
병 살 리 신

왕하16:10

亞哈斯王
아 합 사 왕

往大馬色、
왕 대 마 색

迎亞述王提革
영 아 술 왕 제 혁

拉毘列色、
랍 비 열 색

見一壇在彼、
견 일 단 재 피

遂以其規模
수 이 기 규 모

製度之式、
제 도 지 식

寄於祭司烏利亞、
기 어 제 사 오 리 아

왕하16:11

祭司烏利
제 사 오 리

亞乃建壇、
아 내 건 단

循亞哈斯王自大
순 아 합 사 왕 자 대

馬色所寄之式、
마 색 소 기 지 식

以待亞哈斯王
이 대 아 합 사 왕

自大馬色返、
자 대 마 색 반

왕하16:12

王自大馬色返、
왕 자 대 마 색 반

見壇、
견 단

則進而獻祭
칙 진 이 헌 제

於其上、
어 기 상

왕하16:13

焚 其 燔 祭 素
분 기 번 제 소

祭 及 灌 祭、
제 급 관 제

以 酬 恩 祭 牲 之
이 수 은 제 생 지

血 沃 於 壇、
혈 옥 어 단

왕하16:14

又 以 耶 和 華
우 이 야 화 화

前 之 銅 壇、
전 지 동 단

自 耶 和 華 室
자 야 화 화 실

與 其 壇 之 間、
여 기 단 지 간

移 而 置 於
이 이 치 어

其 壇 之 北、
기 단 지 북

왕하16:15

亞 哈 斯 王 命
아 합 사 왕 명

祭司烏利亞曰、
제 사 오 리 아 왈

朝之燔祭、
조 지 번 제

夕之素祭、
석 지 소 제

王之燔祭素祭、
왕 지 번 제 소 제

與庶民之燔祭
여 서 민 지 번 제

素祭灌祭、
소 제 관 제

皆當焚於大壇、
개 당 분 어 대 단

燔祭與他祭
번 제 여 타 제

牲之血、
생 지 혈

悉沃其上、
실 옥 기 상

惟彼銅壇、
유 피 동 단

爲我藉以
위 아 자 이

諮諏之用、
자 추 지 용

왕하16:16

祭司烏利亞悉遵
제 사 오 리 아 실 준

亞哈斯王所命、
아 합 사 왕 소 명

왕하16:17

亞哈斯王
아 합 사 왕

移盤離座、
이 반 리 좌

折其座之鑲版、
절 기 좌 지 양 판

又以銅牛
우 이 동 우

上之銅海、
상 지 동 해

移置於鋪石處、
이 치 어 포 석 처

왕하16:18

耶和華室中、
야 화 화 실 중

爲安息日
위 안 식 일

所建之廊、
소 건 지 랑

及王自外入
급 왕 자 외 입

室之廊、
실 지 랑

王因亞述王故、
왕 인 아 술 왕 고

移之以環
이 지 이 환

耶和華室、
야 화 화 실

왕하16:19

亞哈斯其餘
아 합 사 기 여

所行之事、
소 행 지 사

俱載於猶大
구 재 어 유 대

列王紀、
열 왕 기

왕하16:20

亞哈斯與
아 합 사 여

列祖偕眠、
열 조 해 면

同葬於大衛城、
동 장 어 대 위 성

子希西家嗣位、
자 희 서 가 사 위

列王紀下 第十七章
열 왕 기 하 제 십 칠 장

왕하17:1
猶大王亞哈斯
유 대 왕 아 합 사
十二年、
십 이 년
以拉子何細亞
이 랍 자 하 세 아
卽位、
즉 위
在撒瑪利亞爲
재 살 마 리 아 위
以色列王、
이 색 열 왕
凡歷九年、
범 력 구 년

왕하17:2
行耶和華所惡、
행 야 화 화 소 악
第不若以色列
제 불 약 이 색 열

前王之甚、
전 왕 지 심

왕하 17:3

亞述王撒縵以色
아 술 왕 살 만 이 색

上而攻之、
상 이 공 지

何細亞臣服之、
하 세 아 신 복 지

而納貢焉、
이 납 공 언

왕하 17:4

何細亞謀叛、
하 세 아 모 반

遣使詣埃及王梭、
견 사 예 애 급 왕 사

不納歲貢於
불 납 세 공 어

亞述王、
아 술 왕

如前所爲、
여 전 소 위

亞述王知之、
아 술 왕 지 지

遂禁錮之、
수 금 고 지

而囚於獄、
이수어옥

왕하17:5

侵其全地、
침기전지

往撒瑪利亞、
왕살마리아

圍之三年、
위지삼년

왕하17:6

何細亞九年、
하세아구년

亞述王取
아술왕취

撒瑪利亞、
살마리아

徙以色列
사이색열

人至亞述、
인지아술

置於哈臘與歌
치어합랍여가

散之哈博河濱、
산지합박하빈

及瑪代諸邑、
급마대제읍

왕하 17:7

此因以色列人
차 인 이 색 열 인

獲罪於其祆上帝
획 죄 어 기 천 상 제

耶和華、
야 화 화

即導之出埃及、
즉 도 지 출 애 급

脫於埃及王
탈 어 애 급 왕

法老手者、
법 로 수 자

彼乃寅畏他神、
피 내 인 외 타 신

왕하 17:8

循耶和華於
순 야 화 화 어

以色列人前、
이 색 열 인 전

所逐異族之例、
소 축 이 족 지 례

及以色列諸王
급 이 색 열 제 왕

所立之例、
소 립 지 례

왕하17:9

以色列人私
이 색 열 인 사

行不正之事、
행 불 정 지 사

背逆其祆上帝
배 역 기 천 상 제

耶和華、
야 화 화

於其諸邑、
어 기 제 읍

自戍樓至堅城、
자 수 루 지 견 성

建築崇邱、
건 축 숭 구

왕하17:10

在山岡之上、
재 산 강 지 상

綠樹之下、
록 수 지 하

立柱像與木偶、
립 주 상 여 목 우

왕하17:11

焚香於諸崇邱、
분 향 어 제 숭 구

效耶和華於其
前所逐之異族、
行諸惡事、
激耶和華之怒、

왕하17:12
崇事偶像、
卽耶和華所言
不可爲者、

왕하17:13
耶和華藉諸
先知先見、
戒以色列與
猶大人曰、
當轉離爾之惡途、

守我誡命典章、
수 아 계 명 전 장

循我所命爾列祖、
순 아 소 명 이 열 조

及藉我僕衆
급 자 아 복 중

先知授爾之法、
선 지 수 이 지 법

왕하17:14

惟彼弗聽、
유 피 불 청

強項不馴、
강 항 불 순

如其不信厥祆上帝
여 기 불 신 궐 천 상 제

耶和華之列祖、
야 화 화 지 열 조

왕하17:15

違棄祆上帝
위 기 천 상 제

之典章、
지 전 장

及與其列祖
급 여 기 열 조

所立之約、
소 립 지 약

並戒之之言、
병 계 지 지 언

從虛無而
종 허 무 이

變爲虛妄、
변 위 허 망

效四周異邦、
효 사 주 이 방

卽耶和華所
즉 야 화 화 소

命勿效之者、
명 물 효 지 자

왕하17:16

違棄其祆上帝
위 기 기 천 상 제

耶和華一切誡命、
야 화 화 일 절 계 명

鑄二犢像、
주 이 독 상

製造木偶、
제 조 목 우

崇拜天象、
숭 배 천 상

奉事巴力、
봉 사 파 력

왕하17:17

使其子女經火、
사 기 자 녀 경 화

用卜筮邪術、
용 복 서 사 술

自鬻而行耶和華
자 죽 이 행 야 화 화

所惡、
소 악

以激其怒、
이 격 기 노

왕하17:18

耶和華震怒
야 화 화 진 노

以色列人、
이 색 열 인

擯於其前、
빈 어 기 전

惟遺猶大
유 유 유 대

支派而已、
지 파 이 이

왕하17:19

猶大亦不守其祆上
유 대 역 불 수 기 천 상

帝耶和華之誡命、
제 야 화 화 지 계 명

乃從以色列
내 종 이 색 열

人所立之例、
인 소 립 지 례

왕하 17:20

耶和華棄以色列
야 화 화 기 이 색 열

全族、
전 족

而困苦之、
이 곤 고 지

付於擄者之手、
부 어 로 자 지 수

擯於其前、
빈 어 기 전

왕하 17:21

奪以色列離
탈 이 색 열 리

大衛家、
대 위 가

衆乃立尼八子
중 내 립 니 팔 자

耶羅波安爲王、
야 라 파 안 위 왕

耶羅波安誘以色列
야라파안유이색열

人不從耶和華、
인불종야화화

使干大罪、
사간대죄

왕하17:22

以色列人從耶羅
이색열인종야라

波安所犯諸罪、
파안소범제죄

不離棄之、
불리기지

왕하17:23

致耶和華擯以色列
치야화화빈이색열

人於其前、
인어기전

如藉其僕衆
여자기복중

先知所言、
선지소언

於是以色列人
어시이색열인

被虜離故土、
피로리고토

徙於亞述、
사어아술

迄於今日、○
흘어금일

왕하17:24

亞述王自巴比倫、
아술왕자파비륜

古他、
고타

亞瓦、
아와

哈馬、
합마

西法瓦音、
서법와음

移人置於撒瑪
이인치어살마

利亞之邑、
리아지읍

以代以色列人、
이대이색열인

遂據撒瑪利亞、
수거살마리아

居其諸邑、
거기제읍

왕하17:25

斯衆始居於
사 중 시 거 어

彼之時、
피 지 시

不寅畏耶和華、
불 인 외 야 화 화

耶和華使獅
야 화 화 사 사

入其中、
입 기 중

殺其數人、
살 기 수 인

왕하17:26

或告亞述王曰、
혹 고 아 술 왕 왈

王所移居撒瑪
왕 소 이 거 살 마

利亞之族、
리 아 지 족

不識斯土之
불 식 사 토 지

神之律、
신 지 률

故彼使獅入
고 피 사 사 입

其中而殺之、
기 중 이 살 지

왕하17:27

亞述王命曰、
아 술 왕 명 왈

爾曹自其地
이 조 자 기 지

所虜之祭司、
소 로 지 제 사

返其一人、
반 기 일 인

使居其地、
사 거 기 지

以其地之神之
이 기 지 지 신 지

律誨衆、
률 회 중

왕하17:28

於是自撒瑪利亞
어 시 자 살 마 리 아

被虜之祭司一人、
피 로 지 제 사 일 인

來居伯特利、
래 거 백 특 리

誨衆如何寅畏
회 중 여 하 인 외

耶和華、
야 화 화

왕하 17:29

然各族之人、
연 각 족 지 인

於其所居之邑、
어 기 소 거 지 읍

各爲己造神像、
각 위 기 조 신 상

置於撒瑪利亞人
치 어 살 마 리 아 인

所造崇邱之廟、
소 조 숭 구 지 묘

왕하 17:30

巴比倫人造疏割
파 비 륜 인 조 소 할

比訥像、
비 눌 상

古他人造匿甲像、
고 타 인 조 닉 갑 상

哈馬人造
합 마 인 조

亞示瑪像、
아 시 마 상

왕하 17:31

亞瓦人造匿哈與
아 와 인 조 닉 합 여

他珥他像、
타 이 타 상

西法瓦音人
서 법 와 음 인

以火焚其子女、
이 화 분 기 자 녀

獻於西法
헌 어 서 법

瓦音之神、
와 음 지 신

亞得米勒與
아 득 미 륵 여

亞拿米勒、
아 나 미 륵

왕하17:32

斯衆乃寅畏
사 중 내 인 외

耶和華、
야 화 화

亦從其中
역 종 기 중

簡立祭司、
간 립 제 사

以司崇邱、
이 사 숭 구

爲之獻祭於
위 지 헌 제 어

崇邱之廟、
숭 구 지 묘

왕하17:33

如是、
여 시

斯衆寅畏耶和華、
사 중 인 외 야 화 화

又事己神、
우 사 기 신

循其所自徙諸
순 기 소 자 사 제

族之例、
족 지 례

왕하17:34

至今尚循往例、
지 금 상 순 왕 례

不誠畏耶和華、
불 성 외 야 화 화

不循己之
불 순 기 지

典章律例、
전 장 률 례

不遵耶和華所命
불 준 야 화 화 소 명

雅各後裔之
아 각 후 예 지

法律誡命、
법 률 계 명

夫雅各、
부 아 각

昔耶和華名
석 야 화 화 명

之曰以色列、
지 왈 이 색 열

왕하 17:35

耶和華與其
야 화 화 여 기

後裔立約、
후 예 립 약

誡之曰、
계 지 왈

勿寅畏他神、
물 인 외 타 신

勿崇拜、
물 숭 배

勿奉事、
물 봉 사

勿祭祀、
물 제 사

왕하17:36

惟以大能奮臂、
유 이 대 능 분 비

導爾出埃及之
도 이 출 애 급 지

耶和華、
야 화 화

爾當寅畏崇拜、
이 당 인 외 숭 배

而祭祀之、
이 제 사 지

왕하17:37

恆守其爲爾所錄
긍 수 기 위 이 소 록

之典章律例、
지 전 장 률 례

法度誡命、
법 도 계 명

而遵行之、
이 준 행 지

勿寅畏他神、
물 인 외 타 신

왕하17:38

勿忘我與爾所立之
물 망 아 여 이 소 립 지
約、
약
勿寅畏他神、
물 인 외 타 신

왕하 17:39

惟寅畏爾之祆上帝耶
유 인 외 이 지 천 상 제 야
和華、
화 화
彼必拯爾脫於諸敵之
피 필 증 이 탈 어 제 적 지
手、
수

왕하 17:40

惟彼不聽、
유 피 불 청
仍循往例、
잉 순 왕 례

왕하 17:41

如是、
여 시
斯族寅畏耶和華、
사 족 인 외 야 화 화

又奉事其雕像、
우봉사기조상

其子與孫亦若是、
기자여손역약시

厥祖所行、
궐조소행

彼亦效之、
피역효지

迄於今日、
흘어금일

列王紀下 第十八章
열왕기하 제십팔장

왕하18:1

以色列王以拉
이색열왕이랍

子何細亞三年、
자하세아삼년

猶大王亞哈斯子
유대왕아합사자

希西家卽位、
희서가즉위

왕하18:2

時、
시

年二十有五、
년 이 십 유 오

在耶路撒冷爲王、
재 야 로 살 랭 위 왕

歷二十九年、
력 이 십 구 년

其母名亞比、
기 모 명 아 비

撒迦利雅女也、
살 가 리 아 녀 야

왕하 18:3

希西家行耶和華
희 서 가 행 야 화 화

所悅、
소 열

悉效其祖
실 효 기 조

大衛所爲、
대 위 소 위

왕하 18:4

廢崇邱、
폐 숭 구

燬其柱、
훼 기 주

斫木偶、
작 목 우

昔摩西所作
석 마 서 소 작

之銅蛇、
지 동 사

至今以色列
지 금 이 색 열

人對之焚香、
인 대 지 분 향

希西家碎之、
희 서 가 쇄 지

稱曰銅塊、
칭 왈 동 괴

왕하18:5

惟倚恃以色列之
유 의 시 이 색 열 지

祆上帝耶和華、
천 상 제 야 화 화

其前後猶大
기 전 후 유 대

列王中、
열 왕 중

無如之者、
무 여 지 자

왕하18:6

以其依附耶和華、
이 기 의 부 야 화 화

從之弗離、
종 지 불 리

遵守其所諭
준 수 기 소 유

摩西之誡命、
마 서 지 계 명

왕하18:7

耶和華與之偕、
야 화 화 여 지 해

凡其所往、
범 기 소 왕

無不亨通、
무 불 형 통

背亞述王、
배 아 술 왕

不臣服之、
불 신 복 지

왕하18:8

擊非利士人、
격 비 리 사 인

至於迦薩、
지 어 가 살

與其四境、
여 기 사 경

自戍樓以及堅城、○
자 수 루 이 급 견 성

왕하18:9

希西家王四年、
희 서 가 왕 사 년

卽以色列王以拉
즉 이 색 열 왕 이 랍

子何細亞七年、
자 하 세 아 칠 년

亞述王撒縵以色、
아 술 왕 살 만 이 색

上攻撒瑪利亞
상 공 살 마 리 아

圍之、
위 지

왕하18:10

越至三年取之、
월 지 상 년 취 지

卽希西家六年、
즉 희 서 가 육 년

以色列王何細亞
이 색 열 왕 하 세 아

九年、
구 년

撒瑪利亞陷、
살 마 리 아 함

왕하18:11

亞述王虜以色列
아 술 왕 로 이 색 열

人至亞述、
인 지 아 술

置於哈臘與歌散
치 어 합 랍 여 가 산

之哈博河濱、
지 합 박 하 빈

及瑪代諸邑、
급 마 대 제 읍

왕하18:12

因彼不從其祆上帝耶
인 피 불 종 기 천 상 제 야

和華之言、
화 화 지 언

違背其約、
위 배 기 약

凡耶和華僕摩西
범 야 화 화 복 마 서

所命者、
소 명 자

不聽不守之、○
불 청 불 수 지

왕하18:13

希西家王十四年、
희 서 가 왕 십 사 년

亞述王西拿基立、
아술왕서나기립

上攻猶大諸
상공유대제

堅城取之、
견성취지

왕하18:14

猶大王希西家
유대왕희서가

遣使往拉吉、
견사왕랍길

見亞述王曰、
견아술왕왈

我獲罪矣、
아획죄의

求爾離我、
구이리아

凡爾加諸我者、
범이가제아자

我必負之、
아필부지

亞述王遂定猶大
아술왕수정유대

王希西家納銀
왕희서가납은

三百他連得、
삼 백 타 련 득

金三十他連得、
금 삼 십 타 련 득

왕하18:15

希西家以耶和華
희 서 가 이 야 화 화

室與王宮府庫、
실 여 왕 궁 부 고

所有之銀饋之、
소 유 시 은 궤 지

왕하18:16

當時猶大
당 시 유 대

王希西家、
왕 희 서 가

斫耶和華
작 야 화 화

殿門之金、
전 문 지 금

與己所包柱之金、
여 기 소 포 주 지 금

俱饋亞述王、
구 궤 아 술 왕

왕하18:17

亞述王遣他珥探、
아 술 왕 견 타 이 탐

拉伯撒利、
랍 백 살 리

拉伯沙基、
랍 백 사 기

統率大軍、
통 솔 대 군

自拉吉至
자 랍 길 지

耶路撒冷、
야 로 살 랭

攻希西家王、
공 희 서 가 왕

旣至耶路撒冷、
기 지 야 로 살 랭

立於上沼之溝旁、
립 어 상 소 지 구 방

漂工田之大路、
표 공 전 지 대 로

왕하 18:18

呼王、
호 왕

有希勒家子
유 희 륵 가 자

家宰以利亞敬、
가 재 이 리 아 경

與繕寫舍伯那、
여 선 사 사 백 나

亞薩子史官約亞、
아 살 자 사 관 약 아

俱出見之、
구 출 견 지

왕하18:19

拉伯沙基謂之曰、
랍 백 사 기 위 지 왈

其告希西家曰、
기 고 희 서 가 왈

大王亞述王云、
대 왕 아 술 왕 운

爾所恃者何耶、
이 소 시 자 하 야

왕하18:20

爾言有謀有勇、
이 언 유 모 유 용

足以爲戰、
족 이 위 전

此皆虛語、
차 개 허 어

爾今恃誰而叛我、
이 금 시 수 이 반 아

왕하18:21

爾恃埃及、
이 시 애 급

彼乃折葦之杖、
피 내 절 위 지 장

人若賴之、
인 약 뢰 지

必刺其手、
필 자 기 수

凡恃埃及王
범 시 애 급 왕

法老者若是、
법 로 자 약 시

왕하18:22

如告我曰、
여 고 아 왈

我恃我之祆上帝
아 시 아 지 천 상 제

耶和華、
야 화 화

希西家非廢
희 서 가 비 폐

其崇邱與壇、
기 숭 구 여 단

命猶大及
명 유 대 급

耶路撒冷人、
야 로 살 랭 인

惟於耶路撒冷
유 어 야 로 살 랭

壇前崇拜乎、
단 전 숭 배 호

왕하18:23

今請以質予
금 청 이 질 여

我主亞述王、
아 주 아 술 왕

若能備斯騎馬者、
약 능 비 사 기 마 자

我則予爾馬二千、
아 칙 여 이 마 이 천

왕하18:24

不然、
불 연

曷能禦我主之僕、
갈 능 어 아 주 지 복

軍長至微之一、
군 장 지 미 지 일

豈恃埃及、
기 시 애 급

得其車騎耶、
득 기 차 기 야

왕하18:25

今我上攻此地
금 아 상 공 차 지

而滅之、
이 멸 지

豈無耶和華
기 무 야 화 화

之旨乎、
지 지 호

耶和華乃命我曰、
야 화 화 내 명 아 왈

上攻此地而滅之、
상 공 차 지 이 멸 지

왕하18:26

希勒家子
희 륵 가 자

以利亞敬、
이 리 아 경

與舍伯那、
여 사 백 나

約亞、
약 아

謂拉伯沙基曰、
위 랍 백 사 기 왈

請以亞蘭方
청 이 아 란 방

言語爾僕、
언 어 이 복

我儕識之、
아 제 식 지

勿以猶大方言、
물 이 유 대 방 언

使城上之民聞之、
사 성 상 지 민 문 지

왕하18:27

拉伯沙基曰、
랍 백 사 기 왈

我主遣我、
아 주 견 아

豈以此言僅告
기 이 차 언 근 고

爾主及爾乎、
이 주 급 이 호

非亦告坐於城上、
비 역 고 좌 어 성 상

將同爾食己矢、
장 동 이 식 기 시

飲己溺之人乎、
음 기 닉 지 인 호

왕하18:28

拉伯沙基遂立、
랍 백 사 기 수 립

以猶大方言、
이 유 대 방 언

大聲呼曰、
대 성 호 왈

爾曹宜聽大王
이 조 의 청 대 왕

亞述王之言、
아 술 왕 지 언

왕하 18:29

王云、
왕 운

勿爲希西家所欺、
물 위 희 서 가 소 기

彼不能拯爾脫
피 불 능 증 이 탈

於我手、
어 아 수

왕하 18:30

勿聽希西家使爾
물 청 희 서 가 사 이

恃耶和華曰、
시 야 화 화 왈

耶和華必拯我、
야 화 화 필 증 아

此城必不付於
차 성 필 불 부 어

亞述王手、
아 술 왕 수

왕하18:31

勿聽希西家、
물 청 희 서 가

蓋亞述王云、
개 아 술 왕 운

爾當與我修好、
이 당 여 아 수 호

出而降我、
출 이 강 아

則可各食
칙 가 각 식

己之葡萄、
기 지 포 도

及無花果、
급 무 화 과

各飮己井之水、
각 음 기 정 지 수

왕하18:32

迨我來遷
태 아 래 천

爾至一地、
이 지 일 지

如爾故土、
여 이 고 토

有谷、
유 곡

有酒、
유 주

有食品、
유 식 품

及葡萄園、
급 포 도 원

橄欖樹、
감 람 수

與蜜、
여 밀

使爾生存、
사 이 생 존

不至死亡、
불 지 사 망

希西家勸爾曰、
히 서 가 권 이 왈

耶和華必拯我儕、
야 화 화 필 증 아 제

勿聽其言、
물 청 기 언

왕하 18:33

列國之神、
열 국 지 신

有一曾拯其國、
유 일 증 증 기 국

脫於亞述王手乎、
탈 어 아 술 왕 수 호

왕하18:34

哈馬與亞珥拔
합 마 여 아 이 발

之神安在、
지 신 안 재

西法瓦音希拿
서 법 와 음 희 나

以瓦之神安在、
이 와 지 신 안 재

凡此、
범 차

曾拯撒瑪利亞
증 증 살 마 리 아

脫於我手乎、
탈 어 아 수 호

왕하18:35

列國之神、
열 국 지 신

誰拯其國
수 증 기 국

脫於我手、
탈 어 아 수

耶和華能拯
야 화 화 능 증

耶路撒冷、
야 로 살 랭

脫於我手乎、
탈 어 아 수 호

왕하 18:36

民默然、
민 묵 연

不答一詞、
불 답 일 사

蓋王命勿答之、
개 왕 명 물 답 지

왕하 18:37

希勒家子家
희 륵 가 자 가

宰以利亞敬、
재 이 리 아 경

與繕寫舍伯那、
여 선 사 사 백 나

亞薩子史官約亞、
아 살 자 사 관 약 아

自裂其衣、
자 렬 기 의

詣希西家、
예 희 서 가

以拉伯沙基
이랍백사기
言告之、
언고지

列王紀下 第十九章
열왕기하 제십구장

왕하19:1
希西家王聞之、
희서가왕문지
自裂其衣、
자렬기의
披麻入耶和華室、
피마입야화화실

왕하19:2
遣家宰以利亞敬、
견가재이리아경
繕寫舍伯那、
선사사백나
及祭司之長者、
급제사지장자
俱披麻、
구피마
往見亞摩斯子
왕견아마사자

先知以賽亞、
선 지 이 새 아

왕하19:3

謂之曰、
위 지 왈

希西家云、
희 서 가 운

今乃急難譴責
금 내 급 난 견 책

羞辱之日、
수 욕 지 일

子臨產、
자 림 산

而無力出之、
이 무 력 출 지

왕하19:4

亞述王遣拉伯沙基侮
아 술 왕 견 랍 백 사 기 모

維生之天上帝、
유 생 지 천 상 제

爾天上帝耶和華
이 천 상 제 야 화 화

或聞其言、
혹 문 기 언

加以譴責、
가 이 견 책

請爾爲此遺
청 이 위 차 유

民所禱、
민 소 도

왕하19:5

希西家王之臣僕、
히 서 가 왕 지 신 복

遂詣以賽亞、
수 예 이 새 아

왕하19:6

以賽亞謂之曰、
이 새 아 위 지 왈

其告爾主曰、
기 고 이 주 왈

耶和華云、
야 화 화 운

爾聞亞述王
이 문 아 술 왕

臣僕侮我之言、
신 복 모 아 지 언

勿懼、
물 구

왕하19:7

我將以靈置
아 장 이 령 치

於其衷、
어 기 충

俾其聞風、
비 기 문 풍

而歸故土、
이 귀 고 토

在彼使僕於刃、○
재 피 사 복 어 인

왕하19:8

拉伯沙基聞
랍 백 사 기 문

亞述王已去拉吉、
아 술 왕 이 거 랍 길

遂返、
수 반

遇其適攻立拿、
우 기 적 공 립 나

왕하19:9

亞述王聞古實王
아 술 왕 문 고 실 왕

特哈加出、
특 합 가 출

欲與之戰、
욕 여 지 전

乃遣使見
내 견 사 견

希西家曰、
희 서 가 왈

왕하19:10

當告猶大王
당 고 유 대 왕

希西家云、
희 서 가 운

爾所恃之祆上帝、
이 소 시 지 천 상 제

謂耶路撒冷必不
위 야 로 살 랭 필 불

付於亞述王手、
부 어 아 술 왕 수

爾勿爲其所欺、
이 물 위 기 소 기

왕하19:11

亞述列王
아 술 열 왕

之待諸國、
지 대 제 국

施行翦滅、
시 행 전 멸

爾旣聞之、
이 기 문 지

而爾能得免乎、
이 이 능 득 면 호

왕하19:12

我祖所滅之邦、
아 조 소 멸 지 방

若歌散、
약 가 산

哈蘭、
합 란

利色、
리 색

及居提拉撒
급 거 제 랍 살

之伊甸族、
지 이 전 족

彼之諸神
피 지 제 신

曾救之乎、
증 구 지 호

왕하19:13

哈馬王、
합 마 왕

亞珥拔王、
아 이 발 왕

西法瓦音邑之王、
서 법 와 음 읍 지 왕

希拿與以瓦王、
희 나 여 이 와 왕

均安在哉、
균안재재

왕하19:14

希西家自使者
희서가자사자

手接書讀之、
수접서독지

遂上耶和華室、
수상야화화실

展於耶和華前、
전어야화화전

왕하19:15

禱曰、
도왈

居基路伯上、
거기로백상

以色列之祆上帝
이색열지천상제

耶和華歟、
야화화여

天下萬國、
천하만국

惟爾爲祆上帝、
유이위천상제

天地爲爾所造、
천지위이소조

왕하 19:16

耶和華歟、
야 화 화 여

側耳而聽、
측 이 이 청

耶和華歟、
야 화 화 여

啟目而視、
계 목 이 시

西拿基立遣使侮
서 나 기 립 견 사 모

維生之祆上帝、
유 생 지 천 상 제

請聽其言、
청 청 기 언

왕하 19:17

耶和華歟、
야 화 화 여

亞述列王
아 술 열 왕

毀滅列邦、
훼 멸 열 방

荒其土地、
황 기 토 지

誠有此事、
성 유 차 사

왕하19:18

投其神於火、
투 기 신 어 화

蓋其神非神、
개 기 신 비 신

乃木石、
내 목 석

人手所造、
인 수 소 조

故得而毁滅之、
고 득 이 훼 멸 지

왕하19:19

我之祆上帝
아 지 천 상 제

耶和華歟、
야 화 화 여

今求爾救我
금 구 이 구 아

脫於其手、
탈 어 기 수

俾天下萬國、
비 천 하 만 국

咸知惟爾耶和華
함 지 유 이 야 화 화

爲祆上帝、○
위 천 상 제

왕하19:20

亞摩斯子以賽亞
아 마 사 자 이 새 이

遣人告希西家曰、
견 인 고 희 서 가 왈

以色列之祆上帝
이 색 열 지 천 상 제

耶和華云、
야 화 화 운

爾緣亞述王
이 연 아 술 왕

西拿基立故、
서 나 기 립 고

祈禱於我、
기 도 어 아

我已聞之、
아 이 문 지

왕하19:21

耶和華指
야 화 화 지

亞述王云、
아 술 왕 운

郇之處女藐視爾、
순 지 처 녀 막 시 이

姍笑爾、
산 소 이

耶路撒冷女向
야 로 살 랭 녀 향

爾搖首、
이 요 수

왕하19:22

爾所侮所
이 소 모 소

謗者爲誰、
방 자 위 수

向誰揚爾聲、
향 수 양 이 성

高爾目、
고 이 목

乃以色列之
내 이 색 열 지

聖者也、
성 자 야

왕하19:23

爾藉使者侮主云、
이 자 사 자 모 주 운

我率衆車
아 솔 중 차

陟於山巓、
척 어 산 전

至利巴嫩之深處、
지 리 파 눈 지 심 처

伐其香柏之高者、
벌 기 향 백 지 고 자

松木之美者、
송 목 지 미 자

將入其境之極處、
장 입 기 경 지 극 처

卽腴壤之森林、
즉 유 양 지 삼 림

왕하19:24

我已掘井而
아 이 굴 정 이

飮異地之水、
음 이 지 지 수

將以足掌涸
장 이 족 장 학

竭埃及之河、
갈 애 급 지 하

왕하19:25

耶和華曰、
야 화 화 왈

爾豈未聞我
이 기 미 문 아

於元始所爲、
어 원 시 소 위

上古所定、
상 고 소 정

今則成之、
금 칙 성 지

使爾燬堅
사 이 훼 견

城爲瓦礫、
성 위 와 력

왕하19:26

故其居民力微、
고 기 거 민 력 미

驚惶羞愧、
경 황 수 괴

如田草、
여 전 초

如青蔬、
여 청 소

如屋上之草、
여 옥 상 지 초

如未成而槁之禾、
여 미 성 이 고 지 화

왕하19:27

爾之居處、
이 지 거 처

爾之出入、
이 지 출 입

及向我之暴怒、
급 향 아 지 폭 노

我悉知之、
아 실 지 지

왕하 19:28

因爾向我暴怒、
인 이 향 아 폭 노

及爾狂傲之聲、
급 이 광 오 지 성

達於我耳、
달 어 아 이

我必置鈎於爾鼻、
아 필 치 구 어 이 비

置勒於爾口、
치 륵 어 이 구

使循原途而返、
사 순 원 도 이 반

왕하 19:29

希西家乎、
희 서 가 호

必有其徵、
필 유 기 징

今歲食田所自生者、
금 세 식 전 소 자 생 자

明年食其所復生者、
명 년 식 기 소 복 생 자

迨及三年、
태 급 삼 년

可稼可穡、
가 가 가 색
植葡萄園、
식 포 도 원
而食其果、
이 식 기 과

왕하19:30
猶大家得脫之遺民、
유 대 가 득 탈 지 유 민
必下盤根、
필 하 반 근
而上結實、
이 상 결 실

왕하19:31
將有遺民出自耶路撒
장 유 유 민 출 자 야 로 살
冷、
랭
得脫之人出自錫安
득 탈 지 인 출 자 석 안
山、
산
耶和華熱中、
야 화 화 열 중
必成斯事、
필 성 사 사

왕하 19:32

故 耶 和 華 指 亞 述 王
고 야 화 화 지 아 술 왕

曰、
왈

彼 必 不 至 此 城、
피 필 불 지 차 성

不 射 一 矢 於 彼、
불 사 일 시 어 피

不 執 干 至 其 前、
불 집 간 지 기 전

不 築 壘 以 攻 之、
불 축 루 이 공 지

왕하 19:33

必 循 原 途 而 返、
필 순 원 도 이 반

不 至 此 城、
불 지 차 성

耶 和 華 言 之 矣、
야 화 화 언 지 의

왕하 19:34

蓋 我 爲 己、
개 아 위 기

及 我 僕 大 衛 故、
급 아 복 대 위 고

必扞衛此城、
필 한 위 차 성

以拯救之、○
이 증 구 지

왕하19:35

是夜耶和華之使者
시 야 야 화 화 지 사 자

出、
출

在亞述營、
재 아 술 영

擊其人十八萬五千、
격 기 인 십 팔 만 오 천

晨起視之、
신 기 시 지

乃屍而已、
내 시 이 이

왕하19:36

亞述王西拿基立遂去
아 술 왕 서 나 기 립 수 거

而返、
이 반

居於尼尼微、
거 어 니 니 미

왕하19:37

崇拜其神於尼斯洛廟
숭 배 기 신 어 니 사 락 묘

時、
시

亞得米勒與沙利色以
아 득 미 륵 여 사 리 색 이

刃弑之、
인 시 지

遁於亞拉臘地、
둔 어 아 랍 랍 지

其子以撒哈頓嗣位、
기 자 이 살 합 돈 사 위

列王紀下 第二十章
열 왕 기 하 제 이 십 장

왕하20:1

維時、
유 시

希西家遘疾瀕死、
희 서 가 구 질 빈 사

亞摩斯子先知以賽亞
아 마 사 자 선 지 이 새 아

來見之、
래 견 지

曰、
왈

耶和華云、
야 화 화 운

爾當處置家事、
이 당 처 치 가 사

蓋爾必死、
개 이 필 사

不得生存、
불 득 생 존

왕하20:2

希西家面壁、
희 서 가 면 벽

禱耶和華曰、
도 야 화 화 왈

왕하20:3

耶和華歟、
야 화 화 여

求爾垂念、
구 이 수 념

我在爾前、
아 재 이 전

行爲誠實、
행 위 성 실

心志專一、
심 지 전 일

行爾所悅、
행 이 소 열

遂哭甚哀、
수 곡 심 애

왕하20:4

以賽亞尚未出中院、
이 새 아 상 미 출 중 원

耶和華諭之曰、
야 화 화 유 지 왈

왕하20:5

返告我民之君希西家
반 고 아 민 지 군 희 서 가

曰、
왈

爾祖大衛之祆上帝耶
이 조 대 위 지 천 상 제 야

和華云、
화 화 운

我已聞爾禱、
아 이 문 이 도

見爾淚、
견 이 루

必療爾疾、
필 료 이 질

越至三日、
월 지 삼 일

爾必登耶和華室、
이 필 등 야 화 화 실

왕하20:6

我必增爾壽十五年、
아 필 증 이 수 십 오 년

且救爾與此城、
차 구 이 여 차 성

脫於亞述王手、
탈 어 아 술 왕 수

亦爲己及我僕大衛
역 위 기 급 아 복 대 위

故、
고

扞衛此城、
한 위 차 성

왕하20:7

以賽亞曰、
이 새 아 왈

取一無花果餅至、
취 일 무 화 과 병 지

遂取之、
수 취 지

置於瘡處、
치 어 창 처

王卽愈、
왕 즉 유

왕하20:8

希西家謂以賽亞曰、
희 서 가 위 이 새 아 왈

耶和華愈我、
야 화 화 유 아

越至三日、
월 지 삼 일

我登耶和華室、
아 등 야 화 화 실

有何徵乎、
유 하 징 호

왕하20:9

以賽亞曰、
이 새 아 왈

耶和華必成所言、
야 화 화 필 성 소 언

有其徵焉、
유 기 징 언

爾欲日影進十度乎、
이 욕 일 영 진 십 도 호

抑退十度乎、
억 퇴 십 도 호

왕하20:10

希西家曰、
희 서 가 왈

影進十度易、
영 진 십 도 역

請使其退十度、
정 사 기 퇴 십 도

왕하20:11

先知以賽亞籲耶和
선 지 이 새 아 유 야 화

華、
화

遂使亞哈斯日晷已進
수 사 아 합 사 일 귀 이 진

之影退十度、○
지 영 퇴 십 도

왕하20:12

時、
시

巴比倫王、
파 비 륜 왕

巴拉但子比羅達巴拉
파 랍 단 자 비 라 달 파 랍

但、
단

聞希西家遘疾、
문 희 서 가 구 질

致書饋禮、
치 서 궤 예

왕하20:13

希西家聽使者之言、
희서가청사자지언

以其府庫之寶物、
이기부고지보물

金銀香品寶膏、
금은향품보고

與武庫之器械、
여무고지기계

及所藏之寶物、
급소장지보물

悉示之、
실시지

凡宮闈曁全國所有、
범궁위기전국소유

無不示之、
무불시지

왕하20:14

先知以賽亞詣希西家
선지이새아예희서가

曰、
왈

斯人何言、
사인하언

奚自而來、
해자이래

希西家曰、
희 서 가 왈

來自遠方、
래 자 원 방

卽巴比倫也、
즉 파 비 륜 야

왕하20:15

曰、
왈

彼於爾室、
피 어 이 실

所見何物、
소 견 하 물

希西家曰、
희 서 가 왈

凡我室中所有、
범 아 실 중 소 유

彼悉觀之、
피 실 관 지

我之寶藏、
아 지 보 장

無不示之、
무 불 시 지

왕하20:16

以賽亞曰、
이 새 아 왈

其聽耶和華言、
기 청 야 화 화 언

왕하20:17

其日將至、
기 일 장 지

爾室中所有者、
이 실 중 소 유 자

與爾列祖至今所積
여 이 열 조 지 금 소 적

者、
자

必遷至巴比倫、
필 천 지 파 비 륜

不遺一物、
불 유 일 물

耶和華言之矣、
야 화 화 언 지 의

왕하20:18

爾所生諸子中、
이 소 생 제 자 중

必有被虜、
필 유 피 로

在巴比倫王宮爲宦
재 파 비 륜 왕 궁 위 환

豎、
수

왕하20:19

希西家謂以賽亞曰、
희 서 가 위 이 새 아 왈

爾所傳耶和華之言善
이 소 전 야 화 화 지 언 선

矣、
의

又曰、
우 왈

若我尚存之日、
약 아 상 존 지 일

得其綏安穩固、
득 기 수 안 온 고

豈非善乎、
기 비 선 호

왕하20:20

希西家其餘事蹟、
희 서 가 기 여 사 적

與其勇力、
여 기 용 력

以及鑿池掘溝、
이 급 착 지 굴 구

引水入邑、
인 수 입 읍

俱載於猶大列王紀、
구 재 어 유 대 열 왕 기

왕하20:21

希西家與列祖偕眠、
희 서 가 여 열 조 해 면

子瑪拿西嗣位、
자 마 나 서 사 위

列王紀下 第二十一章
열 왕 기 하 제 이 십 일 장

왕하21:1

瑪拿西卽位時、
마 나 서 즉 위 시

年十有二、
년 십 유 이

在耶路撒冷爲王、
재 야 로 살 랭 위 왕

歷五十五年、
력 오 십 오 년

其母名協西巴、
기 모 명 협 서 파

왕하21:2

瑪拿西行耶和華所惡、
마 나 서 행 야 화 화 소 악

效異邦可憎之事、
효 이 방 가 증 지 사

卽耶和華於以色列人
즉 야 화 화 어 이 색 열 인

前、
전

所逐諸族之事、
소 축 제 족 지 사

왕하21:3

復建其父希西家所燬
복 건 기 부 희 서 가 소 훼

之崇邱、
지 숭 구

爲巴力建壇、
위 파 력 건 단

作木偶、
작 목 우

效以色列王亞哈所
효 이 색 열 왕 아 합 소

爲、
위

又崇拜天象、
우 숭 배 천 상

而奉事之、
이 봉 사 지

왕하21:4

在耶和華室建壇、
재 야 화 화 실 건 단

昔耶和華指此室而言
석 야 화 화 지 차 실 이 언

曰、
왈

我必寄我名於耶路撒
아 필 기 아 명 어 야 로 살

冷、
랭

왕하21:5

又在耶和華室二院
우 재 야 화 화 실 이 원

中、
중

爲天象建壇、
위 천 상 건 단

왕하21:6

並使其子經火、
병 사 기 자 경 화

用卜筮、
용 복 서

行邪術、
행 사 술

與憑鬼者及巫覡交、
여 빙 귀 자 급 무 격 교

多行耶和華所惡、
다 행 야 화 화 소 악

以激其怒、
이 격 기 노

왕하21:7

又於耶和華室、
우 어 야 화 화 실

置所造之亞舍拉雕
치 소 조 지 아 사 랍 조

像、
상

昔耶和華諭大衛、
석 야 화 화 유 대 위

及其子所羅門曰、
급 기 자 소 라 문 왈

此室與耶路撒冷、
차 실 여 야 로 살 랭

乃我於以色列支派中
내 아 어 이 색 열 지 파 중

所簡者、
소 간 자

必永寄我名於其中、
필 영 기 아 명 어 기 중

왕하21:8

如以色列人謹守遵行
여 이 색 열 인 근 수 준 행

我命、
아 명

及我僕摩西所命之法
급 아 복 마 서 소 명 지 법

律、
률

則我不復使之流離、
칙 아 불 복 사 지 류 리

去我賜其列祖之地、
거 아 사 기 열 조 지 지

왕하21:9

惟彼不聽、
유 피 불 청

瑪拿西又誘之、
마 나 서 우 유 지

致其作惡、
치 기 작 악

較耶和華在以色列人
교 야 화 화 재 이 색 열 인

前、
전

所滅之族尤甚、
소 멸 지 족 우 심

왕하21:10

耶和華藉其僕諸先知
야 화 화 자 기 복 제 선 지

曰、
왈

왕하21:11

因猶大王瑪拿西行此
인 유 대 왕 마 나 서 행 차

可憎之事、
가 증 지 사

較亞摩利人作惡尤
교 아 마 리 인 작 악 우

甚、
심

使猶大人因其偶像而
사 유 대 인 인 기 우 상 이

陷於罪、
함 어 죄

왕하21:12

故以色列之祆上帝耶
고 이 색 열 지 천 상 제 야

和華云、
화 화 운

我必降禍於耶路撒冷
아 필 강 화 어 야 로 살 랭

及猶大、
급 유 대

使凡聞之者、
사 범 문 지 자

兩耳必震、
량 이 필 진

왕하21:13

我將以量撒瑪利亞之
아 장 이 량 살 마 리 아 지

繩、
승

平亞哈家之准、
평 아 합 가 지 준

施於耶路撒冷、
시 어 야 로 살 랭

且拭耶路撒冷、
차 식 야 로 살 랭

如人拭盂而覆之、
여 인 식 우 이 복 지

왕하21:14

亦必棄我遺民、
역 필 기 아 유 민

付於敵手、
부 어 적 수

使爲敵人虜掠刦奪、
사 위 적 인 로 략 겁 탈

왕하21:15

因其行我所惡、
인 기 행 아 소 악

激我之怒、
격 아 지 노

自其列祖出埃及、
자 기 열 조 출 애 급

以迄於今、 ○
이 흘 어 금

왕하21:16

瑪拿西行耶和華所
마 나 서 행 야 화 화 소

惡、
악

陷猶大人於罪、
함 유 대 인 어 죄

此外、
차 외

又多流無辜之血、
우 다 류 무 고 지 혈

遍滿耶路撒冷四境、
편 만 야 로 살 랭 사 경

왕하21:17

瑪拿西其餘事蹟、
마 나 서 기 여 사 적

凡其所行、
범 기 소 행

及其所犯之罪、
급 기 소 범 지 죄

俱載於猶大列王紀、
구 재 어 유 대 열 왕 기

왕하21:18

瑪拿西與列祖偕眠、
마 나 서 여 열 조 해 면

葬於己宮之園、
장 어 기 궁 지 원

卽烏撒園、
즉 오 살 원

子亞們嗣位、○
자 아 문 사 위

왕하21:19

亞們卽位時、
아 문 즉 위 시

年二十有二、
년 이 십 유 이

在耶路撒冷爲王、
재 야 로 살 랭 위 왕

凡歷二年、
범 력 이 년

其母名米舒利密、
기 모 명 미 서 리 밀

約提巴人哈魯斯女
약제파인합로사녀
也、
야

왕하21:20
亞們行耶和華所惡、
아운행야화화소악
如其父瑪拿西所爲、
여기부마나서소위

왕하21:21
循其父所行之道、
순기부소행지도
事其父所事之偶像、
사기부소사지우상
而崇拜之、
이숭배지

왕하21:22
離棄其列祖之神上帝
리기기열조지천상제
耶和華、
야화화
不遵行耶和華之道、
불준행야화화지도

왕하21:23

亞們之臣謀叛、
아 문 지 신 모 반

弑之於其宮、
시 지 어 기 궁

왕하21:24

國人盡殺凡叛亞們王
국 인 진 살 범 반 아 문 왕

者、
자

立其子約西亞繼之爲
립 기 자 약 서 아 계 지 위

王、
왕

왕하21:25

亞們其餘所行之事、
아 문 기 여 소 행 지 사

俱載於猶大列王紀、
구 재 어 유 대 열 왕 기

왕하21:26

亞們葬於己墓、
아 문 장 어 기 묘

在烏撒園、
재 오 살 원

子約西亞嗣位、
자 약 서 아 사 위

列王紀下 第二十二章
열왕기하 제이십이장

왕하22:1

約西亞卽位時、
약서아즉위시

年八齡、
년팔령

在耶路撒冷爲王、
재야로살랭위왕

歷三十一年、
력삼십일년

其母名耶底大、
기모명야저대

波斯加人亞大雅女也、
파사가인아대아녀야

왕하22:2

約西亞行耶和華所悅、
약서아행야화화소열

循其祖大衛之道、
순기조대위지도

不偏於左、
불 편 어 좌

不偏於右、○
불 편 어 우

왕하22:3

約西亞王十八年、
약 서 아 왕 십 팔 년

遣米書蘭孫、
견 미 서 란 손

亞薩利子、
아 살 리 자

繕寫沙番、
선 사 사 번

至耶和華室、
지 야 화 화 실

命之曰、
명 지 왈

왕하22:4

往見大祭司希勒家、
왕 견 대 제 사 희 륵 가

使核閽人所取於民、
사 핵 혼 인 소 취 어 민

輸入耶和華室之金、
수 입 야 화 화 실 지 금

왕하22:5

俾付於督耶和華室之
비부어독야화화실지

工作者、
공작자

轉予在室之工匠、
전여재실지공장

修葺其破壞、
수즙기파괴

왕하22:6

卽予木工、
즉여목공

匠役、
장역

瓦工、
와공

又購材木、
우구재목

與鑿成之石、
여착성지석

修葺殿宇、
수즙전우

왕하22:7

以金付於其手、
이금부어기수

不與核算其數、
불여핵산기수

因其行事誠實也、
인 기 행 사 성 실 야

왕하22:8

大祭司希勒家謂繕寫
대 제 사 희 륵 가 위 선 사

沙番曰、
사 번 왈

我於耶和華室得律
아 어 야 화 화 실 득 률

書、
서

乃授書於沙番、
내 수 서 어 사 번

沙番讀之、
사 번 독 지

왕하22:9

繕寫沙番詣王復命
선 사 사 번 예 왕 복 명

曰、
왈

爾之臣僕、
이 지 신 복

已將室中
이 장 실 중

所貯之金、
소 저 지 금

傾而出之、
경 이 출 지

付於督耶和華
부 어 독 야 화 화

室之工作者、
실 지 공 작 자

왕하22:10

又奏王曰、
우 주 왕 왈

祭司希勒家
제 사 희 륵 가

授我一書、
수 아 일 서

遂讀於王前、
수 독 어 왕 전

왕하22:11

王聞律書之言、
왕 문 률 서 지 언

自裂其衣、
자 렬 기 의

왕하22:12

命祭司希勒家、
명 제 사 희 륵 가

沙番子亞希甘、
사 번 자 아 희 감

米該亞子亞革波、
미 해 아 자 아 혁 파

繕寫沙番、
선 사 사 번

及王侍臣亞撒雅曰、
급 왕 시 신 아 살 아 왈

왕하22:13

汝其往哉、
여 기 왕 재

爲我爲民、
위 아 위 민

爲猶大衆、
위 유 대 중

以此書之言、
이 차 서 지 언

詢於耶和華、
순 어 야 화 화

因我列祖不聽此書之
인 아 열 조 불 청 차 서 지

言、
언

不遵所載諭我儕者而
불 준 소 재 유 아 제 자 이

行、
행

故耶和華向我、
고 야 화 화 향 아

發怒甚烈、
발 노 심 렬

왕하22:14

有女先知戶勒大、
유 녀 선 지 호 륵 대

乃哈珥哈斯孫、
내 합 이 합 사 손

特瓦子、
특 와 사

掌禮服者沙龍之妻
장 예 복 자 사 룡 지 처

也、
야

居耶路撒冷之二區、
거 야 로 살 랭 지 이 구

祭司希勒家、
제 사 희 륵 가

亞希甘、
아 희 감

亞革波、
아 혁 파

沙番、
사 번

亞撒雅、
아 살 아

咸往見之、
함 왕 견 지

與之共語、
여 지 공 어

왕하22:15

戶勒大謂之曰、
호 륵 대 위 지 왈

以色列之祆上帝耶和
이 색 열 지 천 상 제 야 화

華云、
화 운

其告遣爾詣我者曰、
기 고 견 이 예 아 자 왈

왕하22:16

耶和華云、
야 화 화 운

我必降災於此處、
아 필 강 재 어 차 처

及其居民、
급 기 거 민

循猶大王所誦書中之
순 유 대 왕 소 송 서 중 지

言、
언

왕하22:17

蓋彼衆棄我、
개피중기아

焚香於他神、
분향어타신

以其手所爲、
이기수소위

激我之怒、
격아지노

故我發怒於此而不
고아발노어차이불

息、
식

왕하22:18

惟猶大王遣爾詢於耶
유유대왕견이순어야

和華、
화화

當告之曰、
당고지왈

以色列之祇上帝耶和
이색열지천상제야화

華云、
화운

論爾所聞之言、
론이소문지언

왕하22:19

爾聞我指此地、
이 문 아 지 차 지

與其居民所言、
여 기 거 민 소 언

必爲荒墟、
필 위 황 허

而受呪詛、
이 수 주 저

乃中心柔順、
내 중 심 유 순

自卑於耶和華前、
자 비 어 야 화 화 전

裂衣哭泣、
렬 의 곡 읍

我俞允爾、
아 유 윤 이

耶和華言之矣、
야 화 화 언 지 의

왕하22:20

我必使爾安然入墓、
아 필 사 이 안 연 입 묘

歸爾列祖、
귀 이 열 조

我將降於此地之災、
아 장 강 어 차 지 지 재

爾不目擊、
이 불 목 격

使者復命於王、
사 자 복 명 어 왕

列王紀下 第二十三章
열 왕 기 하 제 이 십 삼 장

왕하23:1

王遣人集猶大及耶路撒冷諸長老、
왕 견 인 집 유 대 급 야 로 살 랭 제 장 로

왕하23:2

王與猶大人、
왕 여 유 대 인

耶路撒冷居民、
야 로 살 랭 거 민

祭司先知、
제 사 선 지

及所有民衆、
급 소 유 민 중

無論長幼、
무 론 장 유

咸上耶和華室、
함 상 야 화 화 실

王誦耶和華室中、
왕 송 야 화 화 실 중

所得約書之言、
소 득 약 서 지 언

俾衆聽聞、
비 중 청 문

왕하23:3

王立於柱側、
왕 립 어 주 측

在耶和華前立約、
재 야 화 화 전 립 약

一心一意順從耶和華、
일 심 일 의 순 종 야 화 화

守其誡命、
수 기 계 명

法度典章、
법 도 전 장

以成約書所載之言、
이 성 약 서 소 재 지 언

民亦服從此約、
민 역 복 종 차 약

왕하23:4

王命大祭司希勒家、
왕 명 대 제 사 희 륵 가

與諸副祭司、
여 제 부 제 사

及閽人、
급 혼 인

由耶和華殿、
유 야 화 화 전

取出爲巴力亞舍拉暨
취 출 위 파 력 아 사 랍 기

天象、
천 상

所制之器皿、
소 제 지 기 명

焚於耶路撒冷外、
분 어 야 로 살 랭 외

汲淪田間、
급 륜 전 간

攜其灰至伯特利、
휴 기 회 지 백 특 리

왕하23:5

昔猶大列王所立奉偶
석 유 대 열 왕 소 립 봉 우

像之祭司、
상 지 제 사

使於猶大諸邑之崇
사 어 유 대 제 읍 지 숭

邱、
구

曁耶路撒冷四周焚香
기 야 로 살 랭 사 주 분 향

者、
자

王悉廢之、
왕 실 폐 지

又廢焚香於巴力、
우 폐 분 향 어 파 력

與日月行星、
여 일 월 행 성

及諸天象者、
급 제 천 상 자

왕 하 23:6

亦出亞舍拉像於耶和
역 출 아 사 랍 상 어 야 화

華室、
화 실

擕至耶路撒冷外、
휴 지 야 로 살 랭 외

焚於汲淪溪濱、
분 어 급 륜 계 빈

搗之成粉、
도 지 성 분

揚於平民之墓、
양 어 평 민 지 묘

왕하23:7

燬耶和華室中孌童之
훼 야 화 화 실 중 련 동 지

舍、
사

卽婦女織亞舍拉帷帳
즉 부 녀 직 아 사 랍 유 장

之所、
지 소

왕하23:8

又從猶大諸邑、
우 종 유 대 제 읍

攜諸祭司而出、
휴 제 제 사 이 출

汚衊祭司昔所焚香之
오 멸 제 사 석 소 분 향 지

崇邱、
숭 구

自迦巴至別是巴、
자 가 파 지 별 시 파

並燬城門左、
병 훼 성 문 좌

邑宰約書亞門前之崇
읍 재 약 서 아 문 전 지 숭

邱、
구

왕하23:9

惟崇邱之祭司、
유 숭 구 지 제 사

不登耶路撒冷耶和華
불 등 야 로 살 랭 야 화 화

之壇、
지 단

祇於其昆弟中、
기 어 기 곤 제 중

食無酵餅而已、
식 무 효 병 이 이

왕하23:10

又汚衊欣嫩子谷之陀
우 오 멸 흔 눈 자 곡 지 타

斐特、
비 특

免人使其子女經火、
면 인 사 기 자 녀 경 화

以奉摩洛、
이 봉 마 락

왕하23:11

猶大列王所獻於日之
유 대 열 왕 소 헌 어 일 지
馬、
마
乃在耶和華室門之
내 재 야 화 화 실 문 지
側、
측
宦豎拿單米勒附近廊
환 수 나 단 미 륵 부 근 랑
廡之室、
무 지 실
王悉去之、
왕 실 거 지
且焚日車、
차 분 일 차

왕하23:12
猶大列王在亞哈斯樓
유 대 열 왕 재 아 합 사 루
巔所建之壇、
전 소 건 지 단
及瑪拿西在耶和華室
급 마 나 서 재 야 화 화 실
二院中所建之壇、
이 원 중 소 건 지 단

王悉燬而碎之、
왕 실 훼 이 쇄 지

擕其塵土、
휴 기 진 토

傾於汲淪溪、
경 어 급 륜 계

왕하23:13

昔以色列王所羅門、
석 이 색 열 왕 소 라 문

在耶路撒冷東、
재 야 로 살 랭 동

邪僻山南、
사 벽 산 남

爲西頓人可憎之神亞
위 서 돈 인 가 증 지 신 아

斯他錄、
사 타 록

摩押人可憎之神基
마 압 인 가 증 지 신 기

抹、
말

亞捫人可憎之神米勒
아 문 인 가 증 지 신 미 륵

公、
공

所建之崇邱、
소건지숭구

王悉汚衊之、
왕실오멸지

왕하23:14

碎其柱像、
쇄기주상

斫其木偶、
작기목우

以人骨充其所、
이인골충기소

왕하23:15

昔尼八子耶羅波安、
석니팔자야라파안

在伯特利築壇及崇
재백특리축단급숭

邱、
구

陷以色列人於罪者、
함이색열인어죄자

王悉燬之、
왕실훼지

焚其邱壇、
분기구단

搗之成粉、
도지성분

並焚木偶、
병 분 목 우

왕하23:16

約西亞回顧、
약 서 아 회 고

見山中有墓、
견 산 중 유 묘

遣人自墓取骨、
견 인 자 묘 취 골

而焚於壇、
이 분 어 단

以汚蠛之、
이 오 멸 지

如祆上帝僕所傳耶和
여 천 상 제 복 소 전 야 화

華之言、
화 지 언

왕하23:17

約西亞曰、
약 서 아 왈

我所見者、
아 소 견 자

何碑也、
하 비 야

邑人告曰、
읍 인 고 왈

昔有袄上帝僕自猶大
석유천상제복자유대
來、
래
言王今所行於伯特利
언왕금소행어백특리
壇之事、
단지사
此其墓碑也、
차기묘비야

왕하23:18
約西亞曰、
약서아왈
舍之、
사지
勿移其骨、
물이기골
遂舍之、
수사지
亦舍自撒瑪利亞來之
역사자살마리아래지
先知骨、
선지골

왕하23:19
昔以色列列王在撒瑪
석이색열열왕재살마

利亞諸邑、
리 아 제 읍

建崇邱之室、
건 숭 구 지 실

激耶和華怒、
격 야 화 화 노

約西亞悉除之、
약 서 아 실 제 지

如所行於伯特利然、
여 소 행 어 백 특 리 연

왕하23:20

殺崇邱之祭司於壇、
살 숭 구 지 제 사 어 단

焚人骨於其上、
분 인 골 어 기 상

乃返耶路撒冷、 ○
내 반 야 로 살 랭

왕하23:21

王命民衆曰、
왕 명 민 중 왈

當爲爾之天上帝耶和
당 위 이 지 천 상 제 야 화

華、
화

守逾越節、
수 유 월 절

循此約書所載、
순 차 약 서 소 재

왕하23:22
自士師治以色列人、
자 사 사 치 이 색 열 인
以及以色列列王猶大
이 급 이 색 열 열 왕 유 대
列王時、
열 왕 시
未嘗守如是之逾越
미 상 수 여 시 지 유 월
節、
절

왕하23:23
乃於約西亞王十八
내 어 약 서 아 왕 십 팔
年、
년
在耶路撒冷、
재 야 로 살 랭
爲耶和華守此逾越
위 야 화 화 수 차 유 월
節、
절

왕하23:24

猶大地及耶路撒冷、
유대지급야로살랭

所有憑鬼者暨巫覡、
소유빙귀자기무격

與家神偶像、
여가신우상

並一切可憎之物、
병일절가증지물

約西亞悉除之、
약서아실제지

循祭司希勒家在耶和
순제사희륵가재야화

華室、
화실

所得律書記載之言、
소득률서기재지언

왕하23:25

在約西亞以前、
재약서아이전

無王如彼盡心盡意盡
무왕여피진심진의진

力、
력

歸向耶和華、
귀향야화화

遵行摩西一切法律、
준행마서일절법률

其後亦無如之者、
기후역무여지자

왕하23:26
然耶和華向猶大之烈
연야화화향유대지렬

怒猶未息、
노유미식

因瑪拿西諸事激之
인마나시제사격지

也、
야

왕하23:27
耶和華曰、
야화화왈

我將屛猶大人於我
아장병유대인어아

前、
전

如屛以色列人然、
여병이색열인연

棄我所簡此邑耶路撒
기아소간차읍야로살

冷、
랭

及我所言必寄我名之
급 아 소 언 필 기 아 명 지

室、
실

왕하23:28

約西亞其餘事蹟、
약 서 아 기 여 사 적

凡其所行、
범 기 소 행

俱載於猶大列王紀、
구 재 어 유 대 열 왕 기

왕하23:29

當其在時、
당 기 재 시

埃及王法老尼哥往伯
애 급 왕 법 로 니 가 왕 백

拉河、
랍 하

攻亞述王、
공 아 술 왕

約西亞王出而禦之、
약 서 아 왕 출 이 어 지

法老尼哥遇之於米吉
법 로 니 가 우 지 어 미 길

多殺之、
다 살 지

왕하23:30

臣僕以車載其屍、
신 복 이 차 재 기 시

自米吉多至耶路撒
자 미 길 다 지 야 로 살

冷、
랭

葬於其墓、
장 어 기 묘

國民膏約西亞子約哈
국 민 고 약 서 아 자 약 합

斯、
사

立之爲王、
립 지 위 왕

以繼其父、○
이 계 기 부

왕하23:31

約哈斯卽位時、
약 합 사 즉 위 시

年二十有三、
년 이 십 유 삼

在耶路撒冷爲王、
재 야 로 살 랭 위 왕

僅歷三月、
근 력 삼 월

其母哈慕他、
기 모 합 모 타

立拿人耶利米女也、
립 나 인 야 리 미 녀 야

왕하23:32

約哈斯行耶和華所
약 합 사 행 야 화 화 소

惡、
악

效其列祖所爲、
효 기 열 조 소 위

왕하23:33

法老尼哥繫之於哈馬
법 로 니 가 계 지 어 합 마

地之利比拉、
지 지 리 비 랍

不使爲王於耶路撒
불 사 위 왕 어 야 로 살

冷、
랭

又徵猶大國銀一百他
우 징 유 대 국 은 일 백 타

連得、
련 득

金一他連得、
금 일 타 련 득

왕하23:34

法老尼哥立約西亞子
법로니가립약서아자

以利亞敬、
이리아경

繼其父爲王、
계기부위왕

易其名曰約雅敬、
역기명왈약아경

擕約哈斯至埃及、
휴약합사지애급

卒於彼、
졸어피

왕하23:35

約雅敬循法老命、
약아경순법로명

徵金銀於國民、
징금은어국민

乃按其人之力、
내안기인지력

爲定數而取之、
위정수이취지

以予法老尼哥、○
이여법로니가

왕하23:36

約雅敬卽位時、
약아경즉위시

年二十有五、
년이십유오

在耶路撒冷爲王、
재야로살랭위왕

歷十一年、
력십일년

其母名西布大、
기모명서포대

魯瑪人毘大雅女也、
로마인비대아녀야

왕 하23:37

約雅敬行耶和華所惡、
약아경행야화화소악

效其列祖所爲、
효기열조소위

列王紀下 第二十四章
열왕기하 제이십사장

왕 하24:1

約雅敬時、
약아경시

巴比倫王尼布甲尼撒
파비륜왕니포갑니살

至、
지

約雅敬臣服之、
약아경신복지

歷至三年、
력지삼년

乃背叛之、
내배반지

왕하24:2

耶和華使迦勒底軍、
야화화사가륵저군

亞蘭軍、
아란군

摩押軍、
마압군

及亞捫族軍攻之、
급아문족군공지

侵猶大欲滅之、
침유대욕멸지

如耶和華藉其僕衆先
여야화화자기복중선

知所言、
지소언

왕하24:3

此事臨及猶大、
차사림급유대

乃耶和華所命、
내야화화소명

以屛之於其前、
이병지어기전

因瑪拿西所犯諸罪
인마나서소범제죄

也、
야

왕하24:4

且因其流無辜之血、
차인기류무고지혈

遍滿耶路撒冷、
편만야로살랭

耶和華不赦之、
야화화불사지

왕하24:5

約雅敬其餘事蹟、
약아경기여사적

凡其所行、
범기소행

俱載於猶大列王紀、
구 재 어 유 대 열 왕 기

왕하24:6

約雅敬與列祖偕眠、
약 아 경 여 열 조 해 면

子約雅斤嗣位、
자 약 아 근 사 위

왕하24:7

埃及王不復由其國而
애 급 왕 불 복 유 기 국 이

來、
래

乃因巴比倫王攻取其
내 인 파 비 륜 왕 공 취 기

地、
지

自埃及溪至伯拉河、
자 애 급 계 지 백 랍 하

○

왕하24:8

約雅斤卽位時、
약 아 근 즉 위 시

年十八歲、
년 십 팔 세

在耶路撒冷爲王、
재 야 로 살 랭 위 왕

僅歷三月、
근 력 삼 월

其母名尼護施他、
기 모 명 니 호 시 타

耶路撒冷人以利拿單
야 로 살 랭 인 이 리 나 단

女也、
녀 야

왕하24:9

約雅斤行耶和華所
약 아 근 행 야 화 화 소

惡、
악

效其父所爲、
효 기 부 소 위

왕하24:10

時、
시

巴比倫王尼布甲尼撒
파 비 륜 왕 니 포 갑 니 살

之臣僕、
지 신 복

上至耶路撒冷圍之、
상 지 야 로 살 랭 위 지

왕하24:11

當其臣僕圍城時、
당 기 신 복 위 성 시

尼布甲尼撒至、
니 포 갑 니 살 지

왕하24:12

猶大王約雅斤與其
유 대 왕 약 아 근 여 기

母、
모

及其臣僕、
급 기 신 복

牧伯宦豎出降、
목 백 환 수 출 강

巴比倫王執之、
파 비 륜 왕 집 지

此巴比倫王八年事
차 파 비 륜 왕 팔 년 사

也、
야

왕하24:13

取耶和華室及王宮之
취 야 화 화 실 급 왕 궁 지

寶物、
보 물

悉攜之出、
실 휴 지 출

又碎以色列王所羅門
우 쇄 이 색 열 왕 소 라 문

所制耶和華殿中諸金
소 제 야 화 화 전 중 제 금

器、
기

如耶和華所言、
여 야 화 화 소 언

왕하24:14

又將耶路撒冷民衆、
우 장 야 로 살 랭 민 중

與牧伯勇士、
여 목 백 용 사

共萬人、
공 만 인

以及匠役鐵工、
이 급 장 역 철 공

悉虜之去、
실 로 지 거

除極貧者外、
제 극 빈 자 외

斯土無餘民焉、
사 토 무 여 민 언

왕하24:15

俘約雅斤與其母、
부 약 아 근 여 기 모

及後妃宦豎、
급 후 비 환 수

暨國中顯者、
기 국 중 현 자

自耶路撒冷至巴比
자 야 로 살 랭 지 파 비

倫、
륜

왕하24:16

又虜武士七千、
우 로 무 사 칠 천

匠役鐵工一千、
장 역 철 공 일 천

皆善戰之壯士、
개 선 전 지 장 사

俱擕至巴比倫、
구 휴 지 파 비 륜

왕하24:17

巴比倫王立約雅斤叔
파 비 륜 왕 립 약 아 근 숙

瑪探雅、
마 탐 아

代之爲王、
대 지 위 왕

易其名曰西底家、 ○
역 기 명 왈 서 저 가

왕하24:18

西底家卽位時、
서 저 가 즉 위 시

年二十有一、
년 이 십 유 일

在耶路撒冷爲王、
재 야 로 살 랭 위 왕

歷十一年、
력 십 일 년

其母名哈慕他、
기 모 명 합 모 타

立拿人耶利米女也、
립 나 인 야 리 미 녀 야

왕하24:19

西底家行耶和華所
서 저 가 행 야 화 화 소

惡、
악

效約雅敬所爲、
효 약 아 경 소 위

왕하24:20

耶和華怒耶路撒冷及猶大、
야화화노야로살랭급유대

致屛之於其前、
치병지어기전

列王紀下 第二十五章
열왕기하 제이십오장

왕하25:1

西底家叛巴比倫王、
서저가반파비륜왕

九年十月十日、
구년십월십일

巴比倫王尼布甲尼撒率其全軍、
파비륜왕니포갑니살솔기전군

至耶路撒冷建營、
지야로살랭건영

四周築壘攻之、
사주축루공지

왕하25:2

城被困、
성 피 곤

至西底家王十一年、
지 서 저 가 왕 십 일 년

왕하25:3

四月九日、
사 월 구 일

邑中饑甚、
읍 중 기 심

斯土之民絶糧、
사 토 지 민 절 량

왕하25:4

於是穴城、
어 시 혈 성

戰士由附近王園兩垣
전 사 유 부 근 왕 유 량 원

間之門夜遁、
간 지 문 야 둔

迦勒底人環城、
가 륵 저 인 환 성

王由亞拉巴道而走、
왕 유 아 랍 파 도 이 주

왕하25:5

迦勒底軍追之、
가 륵 저 군 추 지

及於耶利哥之平原、
급 어 야 리 가 지 평 원

王軍潰散、
왕 군 궤 산

왕하25:6

迦勒底軍執王、
가 륵 저 군 집 왕

解至利比拉、
해 지 리 비 랍

巴比倫王所、
파 비 륜 왕 소

而審鞫之、
이 심 국 지

왕하25:7

戮其諸子、
륙 기 제 자

使之目覩、
사 지 목 도

抉其兩目、
결 기 량 목

縶之以煉、
집 지 이 련

攜至巴比倫、○
휴 지 파 비 륜

왕하25:8

巴比倫王尼布甲尼撒
파 비 륜 왕 니 포 갑 니 살

十九年五月七日、
십 구 년 오 월 칠 일

其臣侍衛長尼布撒拉
기 신 시 위 장 니 포 살 랍

旦至耶路撒冷、
단 지 야 로 살 랭

왕하25:9

燬耶和華室與王宮、
훼 야 화 화 실 여 왕 궁

及耶路撒冷諸屋、
급 야 로 살 랭 제 옥

所有第宅、
소 유 제 댁

悉焚以火、
실 분 이 화

왕하25:10

從侍衛長之迦勒底
종 시 위 장 지 가 륵 저

軍、
군

燬耶路撒冷四周城
훼 야 로 살 랭 사 주 성

垣、
원

왕하25:11

邑中餘民、
읍 중 여 민

與降於巴比倫王者、
여 강 어 파 비 륜 왕 자

以及所遺之衆、
이 급 소 유 지 중

侍衛長尼布撒拉旦悉
시 위 장 니 포 살 랍 단 실

虜之去、
로 지 거

왕하25:12

惟留極貧者於斯土、
유 류 극 빈 자 어 사 토

以治葡萄園、
이 치 포 도 원

耕種田畝、
경 종 전 무

왕하25:13

耶和華室中之銅柱、
야 화 화 실 중 지 동 주

銅座、
동 좌

及銅海、
급 동 해

迦勒底人悉碎之、
가 륵 저 인 실 쇄 지

而攜其銅至巴比倫、
이 휴 기 동 지 파 비 륜

왕하25:14

其釜鏟剪匙、
기 부 산 전 시

及諸銅器、
급 제 동 기

供事所用者、
공 사 소 용 자

悉攜之去、
실 휴 지 거

왕하25:15

火鼎及盂、
화 정 급 우

金製者取其金、
금 제 자 취 기 금

銀製者取其銀、
은 제 자 취 기 은

侍衛長悉攜之去、
시 위 장 실 휴 지 거

왕하25:16

又攜所羅門爲耶和華
우 휴 소 라 문 위 야 화 화

室、
실

所制二銅柱、
소 제 이 동 주

及銅海與座、
급 동 해 여 좌

此諸器之銅、
차 제 기 지 동

未詳其輕重、
미 상 기 경 중

왕하25:17

柱高十八肘、
주 고 십 팔 주

上有銅頂高三肘、
상 유 동 정 고 삼 주

頂之四圍有網、
정 지 사 위 유 망

與石榴、
여 석 류

悉以銅製、
실 이 동 제

彼柱與網亦若是、
피 주 여 망 역 약 시

왕하25:18

侍衛長執祭司長西萊
시 위 장 집 제 사 장 서 래

雅、
아

副祭司西番亞、
부 제 사 서 번 아

及閽者三人、
급 혼 자 삼 인

왕하25:19

又於城內、
우 어 성 내

執統轄武士之宦豎一
집 통 할 무 사 지 환 수 일

人、
인

王之近臣五人、
왕 지 근 신 오 인

軍長之繕寫、
군 장 지 선 사

募國民者一人、
모 국 민 자 일 인

及邑中所獲之國民六
급 읍 중 소 획 지 국 민 육

十人、
십 인

왕하25:20

侍衛長尼布撒拉旦咸
시 위 장 니 포 살 랍 단 함

解至利比拉、
해지리비랍

巴比倫王所、
파비륜왕소

왕하25:21

巴比倫王擊而殺之於
파비륜왕격이살지어

哈馬地之利比拉、
합마지지리비랍

如是猶大人被虜、
여시유대인피로

離其故土、
리기고토

왕하25:22

猶大地之餘民、
유대지지여민

卽巴比倫王尼布甲尼
즉파비륜왕니포갑니

撒所遺者、
살소유자

巴比倫王立沙番孫、
파비륜왕립사번손

亞希甘子基大利、
아희감자기대리

爲其方伯、○
위기방백

왕하25:23

諸軍長及其從者、
제 군 장 급 기 종 자

聞巴比倫王立基大利
문 파 비 륜 왕 립 기 대 리

爲方伯、
위 방 백

於是尼探雅子以實瑪
어 시 니 탐 아 자 이 실 마

利、
리

加利亞子約哈難、
가 리 아 자 약 합 난

尼陀法人單戶篾子西
니 타 법 인 단 호 멸 자 서

萊雅、
래 아

瑪迦人子雅撒尼亞、
마 가 인 자 아 살 니 아

及其從者、
급 기 종 자

咸至米斯巴、
함 지 미 사 파

見基大利、
견 기 대 리

왕하25:24

基大利與諸軍長、
기대리여제군장

及其從者誓曰、
급기종자서왈

毋緣迦勒底之臣僕而
무연가륵저지신복이

懼、
구

其居斯土、
기거사토

服事巴比倫王、
복사파비륜왕

則獲平康、
칙획평강

왕하25:25

七月、
칠월

王族以利沙瑪孫、
왕족이리사마손

尼探雅子以實瑪利、
니탐아자이실마리

率十人至、
솔십인지

擊斃基大利、
격폐기대리

及同在米斯巴之猶大
급 동 재 미 사 파 지 유 대

人、
인

迦勒底人、
가 륵 저 인

왕하25:26

於是民衆無論尊卑、
어 시 민 중 무 론 존 비

及諸軍長、
급 제 군 장

咸起而往埃及、
함 기 이 왕 애 급

畏迦勒底人故也、○
외 가 륵 저 인 고 야

왕하25:27

猶大王約雅斤被虜後
유 대 왕 약 아 근 피 로 후

三十七年、
삼 십 칠 년

巴比倫王以未米羅達
파 비 륜 왕 이 미 미 라 달

卽位元年、
즉 위 원 년

十二月二十七日、
십 이 월 이 십 칠 일

拔猶大王約雅斤出獄、
발유대왕약아근출옥

왕하25:28

以善言慰之、
이선언위지

使其位高於同在巴比倫諸王之位、
사기위고어동재파비륜제왕지위

왕하25:29

易其囚服、
역기수복

畢生與王共食、
필생여왕공식

왕하25:30

王日賜其所需、
왕일사기소수

終身不匱、
종신불궤

曆代誌上 第一章
역대지상 제일장

대상1:1

亞當之後、
아 당 지 후

繼有塞特、
계 유 새 특

以挪士、
이 나 사

대 상 1:2

該南、
해 남

瑪勒列、
마 륵 열

雅列、
아 열

대 상 1:3

以諾、
이 낙

馬土撒拉、
마 토 살 랍

拉麥、
랍 맥

대 상 1:4

挪亞、
나 아

閃、
섬

含、
함

雅弗、○
아 불

대 상 1:5

雅弗子、
이 분 자

歌篾、
가 멸

瑪各、
마 각

瑪代、
마 대

雅完、
아 완

土巴、
토 파

米設、
미 설

提拉、
제 랍

대 상 1:6

歌篾子、
가 멸 자

亞實基拿、
아 실 기 나

低法、
저법

陀迦瑪、
타가마

대상 1:7

雅完子、
아완자

以利沙、
이리사

他施、
타시

基提、
기제

多單、 ○
다단

대상 1:8

含子、
함자

古實、
고실

麥西、
맥서

弗、
불

迦南、
가남

대상 1:9

古實子、
고 실 자

西巴、
서 파

哈腓拉、
합 비 랍

撒弗他、
삽 불 타

拉瑪、
랍 마

撒弗提迦、
삽 불 제 가

拉瑪子、
랍 마 자

示巴、
시 파

底但、
저 단

대상 1:10

古實生甯錄、
고 실 생 녕 록

在世始爲英武、
재 세 시 위 영 무

대상 1:11

麥西生路低、
맥 서 생 로 저

亞拿米、
아 나 미

利哈比、
리 합 비

拿弗土希、
나 불 토 희

대상 1:12

帕斯魯細、
파 사 로 세

迦斯路希、
가 사 로 희

迦斐託諸族、
가 비 탁 제 족

非利士族由迦斯路希
비 리 사 족 유 가 사 로 희

而出、
이 출

대상 1:13

迦南生冢子西頓、
가 남 생 총 자 서 돈

又生赫、
우 생 혁

대상 1:14

耶布斯、
아 포 사

亞摩利、
아 마 리

革迦撒、
혁 가 살

대상1:15

希未、
히 미

亞基、
아 기

西尼、
서 니

대상1:16

亞瓦底、
아 와 저

洗瑪利、
세 마 리

哈馬諸族、 ○
합 마 제 족

대상1:17

閃之子、
섬 지 자

以攔、
이 란

亞述、
아 술

亞法撒、
아 법 살

路德、
로 덕

亞蘭、
아 란

烏斯、
오 사

戶勒、
호 륵

基帖、
기 첩

米設、
미 설

대상 1:18

亞法撒生沙拉、
아 법 살 생 사 랍

沙拉生希伯、
사 랍 생 희 백

대상 1:19

希伯生二子、
희 백 생 이 자

一名法勒、
일 명 법 륵

因其時世人分析也、
인 기 시 세 인 분 석 야

法勒之弟名約坍、
법 륵 지 제 명 약 담

대상 1:20

約坍生亞摩答、
약 담 생 아 마 답

沙列、
사 열

哈薩瑪非、
합 살 마 비

耶拉、
야 랍

대상 1:21

哈多蘭、
합 다 란

烏薩、
오 살

德拉、
덕 랍

대상 1:22

以巴錄、
이 파 록

亞比瑪利、
아 비 마 리

示巴、
시 파

대상 1:23

阿斐、
아 비

哈腓拉、
합 비 랍

約巴、
약 파

此皆約坍之子、○
차 개 약 담 지 자

대상 1:24

閃之後、
섬 지 후

繼有亞法撒、
계 유 아 법 살

沙拉、
사 랍

대상 1:25

希伯、
희 백

法勒、
법 륵

拉吳、
랍 오

대상 1:26

西鹿、
서 록

拿鶴、
나 학

他拉、
타 랍

대상 1:27

亞伯蘭、
아 백 란

卽亞伯拉罕、○
즉 아 백 랍 한

대상 1:28

亞伯拉罕子、
아 백 랍 한 자

以撒、
이 살

以實瑪利、
이 실 마 리

대상 1:29

以實瑪利裔如左、
이 실 마 리 예 여 좌

長子尼拜約、
장 자 니 배 약

次基達、
차 기 달

押德別、
압 덕 별

米比衫、
미 비 삼

대상 1:30

米施瑪、
미 시 마

度瑪、
도 마

瑪撒、
마 살

哈達、
합 달

提瑪、
제 마

대상 1:31

伊突、
이 돌

拿非施、
나 비 시

基底瑪、
기 저 마

此皆以實瑪利之子、
차 개 이 실 마 리 지 자

○

대상 1:32

亞伯拉罕妾基土拉所
아 백 랍 한 첩 기 토 랍 소

生之子、
생 지 자

乃心蘭、
내 심 란

約珊、
약 산

米但、
미 난

米甸、
미 전

伊施巴、
이 시 파

書亞、
서 아

約珊子、
약 산 자

示巴、
시 파

底但、
저 단

대상 1:33

米甸子、
미 전 자

以法、
이 법

以弗、
이 불

哈諾、
합 낙

亞比大、
아 비 대

以勒大、
이 륵 대

此皆基土拉之子孫、
차 개 기 토 랍 지 자 손

○

대상 1:34

亞伯拉罕子以撒、
아 백 랍 한 자 이 살

以撒子以掃、
이 살 자 이 소

以色列、 ○
이 색 열

대상 1:35

以掃子、
이 소 자

以利法、
이 리 법

流 珥、
유 이

耶 烏 施、
야 오 시

雅 蘭、
아 란

可 拉、
가 랍

대상 1:36

以 利 法 子、
이 리 법 자

提 幔、
제 만

阿 抹、
아 말

洗 玻、
세 파

迦 坦、
가 탄

基 納 斯、
기 납 사

亭 納、
정 납

亞 瑪 力、
아 마 력

대상 1:37

流珥子、
류 이 자

拏哈、
나 합

謝拉、
사 랍

沙瑪、
사 마

米撒、 ○
미 살

대상 1:38

西珥子、
서 이 자

羅坍、
라 담

朔巴、
삭 파

祭便、
제 편

亞拏、
아 나

底順、
저 순

以察、
이 찰

底珊、
저 산

대상 1:39

羅坍子、
라 담 자

何利、
하 리

荷幔、
하 만

羅坍之妹、
라 담 시 매

亭納、
정 납

대상 1:40

朔巴子、
삭 파 자

亞勒文、
아 륵 운

瑪拏轄、
마 나 할

以巴錄、
이 파 록

示非、
시 비

阿南、
아 남

祭便子、
제편자

亞雅、
아아

亞拿、
아나

대상 1:41

亞拿子、
아나자

底順、
저순

底順子、
저순자

哈默蘭、
합묵란

伊是班、
이시반

益蘭、
익란

基蘭、
기란

대상 1:42

以察子、
이찰자

辟罕、
벽한

撒番、
살 번

亞干、
아 간

底珊子、
저 산 자

烏斯、
오 사

亞蘭、○
아 란

대상1:43

當以色列人無王主治
당 이 색 열 인 무 왕 주 치

時、
시

於以東地爲王者、
어 이 동 지 위 왕 자

其名如左、
기 명 여 좌

比珥子比拉、
비 이 자 비 랍

都亭哈巴、
도 정 합 파

대상1:44

比拉薨、
비 랍 훙

波斯拉人謝拉子約巴
파 사 랍 인 사 랍 자 약 파

嗣位、
사 위

대상 1:45

約巴薨、
약 파 훙

提幔人戶珊嗣位、
제 만 인 호 산 사 위

대상 1:46

戶珊薨、
호 산 훙

比達子哈達、
비 달 자 합 달

卽於摩押田擊米甸人
즉 어 마 압 전 격 미 전 인

者嗣位、
자 사 위

都亞未得、
도 아 미 득

대상 1:47

哈達薨、
합 달 훙

瑪士利加人桑拉嗣
마 사 리 가 인 상 랍 사

位、
위

대상 1:48
桑拉薨、
상랍훙
河濱利河伯人掃羅嗣
하빈리하백인소라사
位、
위

대상 1:49
掃羅薨、
소라훙
亞革波子巴勒哈南嗣
아혁파자파륵합남사
位、
위

대상 1:50
巴勒哈南薨、
파륵합남훙
哈達嗣位、
합달사위
都巴伊、
도파이
其後米希他別、
기후미희타별

乃米薩合孫、
내 미 살 합 손

瑪特列女也、
마 특 열 녀 야

대상 1:51

哈達旣沒、
합 달 기 몰

在以東爲族長者如
재 이 동 위 족 장 자 여

左、
좌

亭納族長、
정 납 족 장

亞勒瓦族長、
아 륵 와 족 장

耶帖族長、
야 첩 족 장

대상 1:52

亞何利巴瑪族長、
아 하 리 파 마 족 장

以拉族長、
이 랍 족 장

比嫩族長、
비 눈 족 장

대상 1:53

基納斯族長、
기 납 사 족 장

提幔族長、
제 만 족 장

米比薩族長、
미 비 살 족 장

대상 1:54

瑪基疊族長、
마 기 첩 족 장

以蘭族長、
이 란 족 장

此皆以東之族長也、
차 개 이 동 지 족 장 야

曆代誌上 第二章
역 대 지 상 제 이 장

대상 2:1

以色列子、
이 색 열 자

流便、
류 편

西緬、
서 면

利未、
리 미

猶大、
유 대

以薩迦、
이 살 가

西布倫、
서 포 륜

대상 2:2

但、
단

約瑟、
약 슬

便雅憫、
편 아 민

拿弗他利、
나 불 타 리

迦得、
가 득

亞設、○
아 설

대상 2:3

猶大子、
유 대 자

珥、
이

俄南、
아 남

示拉、
시 랍

皆迦南人書亞之女所
개 가 남 인 서 아 지 녀 소

出、
출

猶大長子珥、
유 대 장 자 이

行耶和華所惡、
행 야 화 화 소 악

耶和華殺之、
야 화 화 살 지

대 상 2:4

猶大媳他瑪、
유 대 식 타 마

爲之生法勒斯、
위 지 생 법 륵 사

謝拉、
사 랍

猶大共五子、 ○
유 대 공 오 자

대 상 2:5

法勒斯子、
법 륵 사 자

希斯崙、
희 사 륜

哈母勒、
함 모 륵

대 상 2:6

謝拉子、
사 랍 자

心利、
심 리

以探、
이 탐

希幔、
희 만

甲各、
갑 각

大拉、
대 랍

共五人、
공 오 인

대 상 2:7

迦米子亞干、
가 미 자 아 간

卽因當滅之物、
즉 인 당 멸 지 물

困苦以色列族者、
곤 고 이 색 열 족 자

대 상 2:8

以探子亞撒利雅、
이 탐 자 아 살 리 아

대상 2:9

希斯崙所生之子、
희 사 룬 소 생 지 자

耶拉篾、
야 랍 멸

蘭、
란

基路拜、
기 로 배

대상 2:10

蘭生亞米拿達、
란 생 아 미 나 달

亞米拿達生拿順、
아 미 나 달 생 나 순

爲猶大族之牧伯、
위 유 대 족 지 목 백

대상 2:11

拿順生撒門、
나 순 생 살 문

撒門生波阿斯、
살 문 생 파 아 사

대상 2:12

波阿斯生俄備得、
파 아 사 생 아 비 득

俄備得生耶西、
아 비 득 생 야 서

대상2:13

耶西生長子以利押、
야 서 생 장 자 이 리 압

次子亞比拿達、
차 자 아 비 나 달

三子示米亞、
삼 자 시 미 아

대상2:14

四子拿坦業、
사 자 나 탄 업

五子拉代、
오 자 랍 대

대상2:15

六子阿鮮、
육 자 아 선

七子大衛、
칠 자 대 위

대상2:16

其姊妹乃洗魯雅、
기 자 매 내 세 로 아

亞比該、
아 비 해

洗魯雅生亞比篩、
세 로 아 생 아 비 사

約押、
약 압

亞撒黑三人、
아 살 흑 삼 인

대상2:17

亞比該生亞瑪撒、
아 비 해 생 아 마 살

亞瑪撒之父、
아 마 살 지 부

乃以實瑪利人益帖、
내 이 실 마 리 인 익 첩

○

대상2:18

希斯崙子迦勒、
희 사 륜 자 가 륵

娶阿蘇巴與耶略爲
취 아 소 파 여 야 략 위

妻、
처

生子、
생 자

阿蘇巴生耶設、
아 소 파 생 야 설

朔罷、
삭 파

押墩、
압 돈

대상2:19

阿蘇巴既沒、
아 소 파 기 몰

迦勒又娶以法他、
가 륵 우 취 이 법 타

生戶珥、
생 호 이

대상2:20

戶珥生烏利、
호 이 생 오 리

烏利生比撒列、○
오 리 생 비 살 열

대상2:21

厥後、
궐 후

希斯崙年六十、
희 사 륜 년 육 십

娶基列父瑪吉之女、
취 기 열 부 마 길 지 녀

生西割、
생 서 할

대상 2:22

西割生暱珥、
서 할 생 애 이

暱珥在基列地、
애 이 재 기 열 지

有邑二十三、
유 읍 이 십 삼

대상 2:23

後基述人與亞蘭人、
후 기 술 인 여 아 란 인

奪暱珥諸邑、
탈 애 이 제 읍

及基納與其鄉里、
급 기 납 여 기 향 리

共六十、
공 육 십

皆屬基列父瑪吉之
개 속 기 열 부 마 길 지

子、
자

대상 2:24

希斯崙在迦勒以法他
희 사 륜 재 가 륵 이 법 타

沒後、
몰 후

其妻亞比雅爲之生亞
기 처 아 비 아 위 지 생 아

施戶、
시 호

爲提哥亞族祖、○
위 제 가 아 족 조

대상2:25

希斯崙長子耶拉篾、
희 사 륜 장 자 야 랍 멸

生長子蘭、
생 장 자 란

又生布拿、
우 생 포 나

阿連、
아 련

阿鮮、
아 선

亞希雅、
아 희 아

대상2:26

耶拉篾又娶妻名亞他
야 랍 멸 우 취 처 명 아 타

拉、
랍

乃阿南之母、
내 아 남 지 모

대상 2:27

耶拉篾長子蘭之子、
야 랍 멸 장 자 란 지 자

瑪斯、
마 사

雅憫、
아 민

以結、
이 결

대상 2:28

阿南子、
아 남 자

沙買、
사 매

雅大、
아 대

沙買子、
사 매 자

拿答、
나 답

亞比述、
아 비 술

대상 2:29

亞比述妻名亞比孩、
아 비 술 처 명 아 비 해

爲之生亞辨、
위 지 생 아 판

與摩利、
여 마 리

대상2:30

拿答子、
나 답 자

西列、
서 열

亞遍、
아 편

西列無子而死、
서 열 무 자 이 사

대상2:31

亞遍子以示、
아 편 자 이 시

以示子示珊、
이 시 자 시 산

示珊子亞來、
시 산 자 아 래

대상2:32

沙買弟雅大子、
사 매 제 아 대 자

益帖、
익 첩

約拿單、
약 나 단

益帖無子而死、
익 첩 무 자 이 사

대상2:33

約拿單子、
약 나 단 자

比勒、
비 륵

撒薩、
살 살

此皆耶拉篾之子孫、
차 개 야 랍 멸 지 자 손

대상2:34

示珊無子、
시 산 무 자

惟女而已、
유 녀 이 이

有僕埃及人、
유 복 애 급 인

名耶哈、
명 야 합

대상2:35

示珊以女妻之、
시 산 이 녀 처 지

生亞太、
생 아 태

대 상 2:36

亞太生拿單、
아 태 생 나 단

拿單生撒拔、
나 단 생 살 발

대 상 2:37

撒拔生以弗拉、
살 발 생 이 불 랍

以弗拉生俄備得、
이 불 랍 생 아 비 득

대 상 2:38

俄備得生耶戶、
아 비 득 생 야 호

耶戶生亞撒利雅、
야 호 생 아 살 리 아

대 상 2:39

亞撒利雅生希利斯、
아 살 리 아 생 희 리 사

希利斯生以利亞薩、
희 리 사 생 이 리 아 살

대 상 2:40

以利亞薩生西斯買、
이 리 아 살 생 서 사 매

西斯買生沙龍、
서 사 매 생 사 룡

대상2:41

沙龍生耶加米雅、
사 룡 생 야 가 미 아

耶加米雅生以利沙
야 가 미 아 생 이 리 사

瑪、○
마

대상2:42

耶拉篾弟迦勒生長子
야 랍 멸 제 가 륵 생 장 자

米沙、
미 사

爲西弗族祖、
위 서 불 족 조

又生瑪利沙、
우 생 마 리 사

爲希伯崙族祖、
위 희 백 륜 족 조

대상2:43

希伯崙子、
희 백 륜 자

可拉、
가랍

他普亞、
타보아

利肯、
리긍

示瑪、
시마

대상2:44

示瑪生拉含、
시마생랍함

爲約干族祖、
위약간족조

利肯生沙買、
리긍생사매

대상2:45

沙買子瑪雲、
사매자마운

爲伯夙族祖、
위백숙족조

대상2:46

迦勒妾以法生哈蘭、
가륵첩이법생합란

摩撒、
마살

迦謝、
가 사

哈蘭生迦卸、
할 란 생 가 사

대상 2:47

雅代子、
아 대 자

利健、
리 건

約坦、
약 탄

基珊、
기 산

毘力、
비 력

以法、
이 법

沙亞弗、
사 아 불

대상 2:48

迦勒妾瑪迦生示別、
가 륵 첩 마 가 생 시 별

特哈拿、
특 할 나

대상 2:49

又生麥瑪拿族之祖沙
우 생 맥 마 나 족 지 조 사

亞弗、
아 불

抹比拿族及基比亞族
말 비 나 족 급 기 비 아 족

之祖示法、
지 조 시 법

迦勒之女乃押撒、○
가 륵 지 녀 내 압 살

대상2:50

迦勒之裔、
가 륵 지 예

以法他長子戶珥之子
이 법 타 장 자 호 이 지 자

如左、
여 좌

基列耶琳族祖朔巴、
기 열 야 림 족 조 삭 파

대상2:51

伯利恆族祖薩瑪、
백 리 긍 족 조 살 마

伯迦得族祖哈勒、
백 가 득 족 조 합 륵

대상2:52

基列耶琳族祖朔巴、
기 열 야 림 족 조 삭 파

亦有子孫、
역 유 자 손

爲哈羅以族、
위 합 라 이 족

及米努哈族之半、
급 미 노 합 족 지 반

대상2:53

基列耶琳諸族、
기 열 야 림 제 족

乃以帖族、
내 이 첩 족

布特族、
포 특 족

舒瑪族、
서 마 족

密來族、
밀 래 족

瑣拉與以實陶二族、
쇄 랍 여 이 실 도 이 족

自此諸族而出、
자 차 제 족 이 출

대상2:54

薩瑪子孫、
살 마 자 손

乃伯利恆人、
내 백 리 긍 인

尼陀法人、
니 타 법 인

亞他綠伯約押人、
아 타 록 백 약 압 인

瑪拿哈族之半、
마 나 합 족 지 반

及瑣利人、
급 쇄 리 인

대상2:55

居雅比斯繕寫之家、
거 아 비 사 선 사 지 가

特拉人、
특 랍 인

示米押人、
시 미 압 인

蘇甲人、
소 갑 인

此皆基尼人、
차 개 기 니 인

出於利甲家之祖哈末
출 어 리 갑 가 지 조 합 말

曆代誌上 第三章
역 대 지 상 제 삼 장

대상3:1

大衛在希伯崙所生之
대 위 재 희 백 륜 소 생 지

子如左、
자 여 좌

長子暗嫩、
장 자 암 눈

耶斯列人亞希暖所
야 사 열 인 아 희 난 소

出、
출

次子但以利、
차 자 단 이 리

迦密人亞比該所出、
가 밀 인 아 비 해 소 출

대상3:2

三子押沙龍、
삼 자 압 사 룡

基述王達買女瑪迦所
기 술 왕 달 매 녀 마 가 소

出、
출

四子亞多尼雅、
사 자 아 다 니 아

哈及所出、
합 급 소 출

대상 3:3

五子示法提雅、
오자시법제아

亞比他所出、
아비타소출

六子以特念、
육자이특념

大衛妻以格拉所出、
대위처이격랍소출

대상 3:4

此六子、
차육자

皆大衛於希伯崙所
개대위어희백륜소

生、
생

大衛在彼爲王、
대위재피위왕

七年有六月、
칠년유육월

在耶路撒冷爲王、
재야로살랭위왕

三十三年、
삼십삼년

대상 3:5

在耶路撒冷生子示米
재 야 로 살 렘 생 자 시 미

亞、
아

朔罷、
삭 파

拿單、
나 단

所羅門、
소 라 문

四人俱亞米利女拔書
사 인 구 아 미 리 녀 발 서

亞所出、
아 소 출

대상 3:6

又生益轄、
우 생 익 할

以利沙瑪、
이 리 사 마

以利法列、
이 리 법 열

대상 3:7

挪迦、
나 가

尼斐、
니 비

雅非亞、
아 비 아

대상 3:8

以利沙瑪、
이 리 사 마

以利雅大、
이 리 아 대

以利法列九人、
이 리 법 열 구 인

대상 3:9

皆爲大衛之子、
개 위 대 위 지 자

此外更有嬪妃所出、
차 외 경 유 빈 비 소 출

他瑪爲女弟、
타 마 위 녀 제

대상 3:10

所羅門子羅波安、
소 라 문 자 라 파 안

羅波安子亞比雅、
라 파 안 자 아 비 아

亞比雅子亞撒、
아 비 아 자 아 살

亞撒子約沙法、
아 살 자 약 사 법

대상3:11

約沙法子約蘭、
약 사 법 자 약 란

約蘭子亞哈謝、
약 란 자 아 합 사

亞哈謝子約阿施、
아 합 사 자 약 아 시

대상3:12

約阿施子亞瑪謝、
약 아 시 자 아 마 사

亞瑪謝子亞撒利雅、
아 마 사 자 아 살 리 아

亞撒利雅子約坦、
아 살 리 아 자 약 탄

대상3:13

約坦子亞哈斯、
약 탄 자 아 합 사

亞哈斯子希西家、
아 합 사 자 희 서 가

希西家子瑪拿西、
희 서 가 자 마 나 서

대상3:14

瑪拿西子亞們、
마 나 서 자 아 몬

亞們子約西亞、
아 몬 자 약 서 아

대상3:15

約西亞子如左、
약 서 아 자 여 좌

長子約哈難、
장 자 약 합 난

次子約雅敬、
차 자 약 아 경

三子西底家、
삼 자 서 저 가

四子沙龍、
사 자 사 룡

대상3:16

約雅敬子耶哥尼雅、
약 아 경 자 야 가 니 아

西底家、
서 저 가

대상3:17

耶哥尼雅被虜、
야 가 니 아 피 로

其子撒拉鐵、
기 자 살 랍 철

대상3:18

瑪基蘭、
마 기 란

昆大雅、
비 대 아

示拿薩、
시 나 살

耶加米、
야 가 미

何沙瑪、
하 사 마

尼大比雅、
니 대 비 아

대상3:19

昆大雅子所羅巴伯、
비 대 아 자 소 라 파 백

示每、
시 매

所羅巴伯子米書蘭、
소 라 파 백 자 미 서 란

哈拿尼雅、
합 나 니 아

示羅密爲女弟、
시 라 밀 위 녀 제

대상3:20

又有哈舒巴、
우 유 합 서 파

阿黑、
아 흑

比利家、
비 리 가

哈撒底、
합 살 저

於沙希悉五人、
어 사 희 실 오 인

대 상 3:21

哈拿尼雅子毘拉提、
합 나 니 아 자 비 랍 제

耶篩亞、
야 사 아

又有利法雅衆子、
우 유 리 법 아 중 자

亞珥難衆子、
아 이 난 중 자

俄巴底亞衆子、
아 파 저 아 중 자

示迦尼子、
시 가 니 자

대 상 3:22

示迦尼子示瑪雅、
시 가 니 자 시 마 아

示瑪雅子、
시 마 아 자

哈突、
합 돌

以甲、
이 갑

巴利亞、
파 리 아

尼利雅、
니 리 아

沙法六人、
사 법 육 인

대상3:23

尼利雅子、
니 리 아 자

以利約乃、
이 리 약 내

希西家、
희 서 가

阿斯利乾三人、
아 사 리 건 삼 인

대상3:24

以利約乃子、
이 리 약 내 자

何大雅、
하 대 아

以利亞實、
이 리 아 실

毘萊雅、
비 래 아

阿 穀、
아 곡

約 哈 難、
약 합 난

第 萊 雅、
제 래 아

阿 拿 尼 七 人、
아 나 니 칠 인

曆代誌上 第四章
역 대 지 상 제 사 장

대 상 4:1

猶 大 子、
유 대 자

法 勒 斯、
법 륵 사

希 斯 崙、
희 사 륜

迦 米、
가 미

戶 珥、
호 이

朔 巴、
삭 파

대 상 4:2

朔巴子利亞雅生雅
삭 파 자 리 아 아 생 아
哈、
합
雅哈生亞戶買、
아 합 생 아 호 매
拉哈、
랍 합
此爲瑣拉人之室家、
차 위 쇄 랍 인 지 실 가

대상 4:3

以坦族祖生耶斯列、
이 탄 족 조 생 야 사 열
伊施瑪、
이 시 마
伊得巴、
이 득 파
哈悉勒玻尼爲女弟、
합 실 륵 파 니 위 녀 제

대상 4:4

基多族祖毘努伊勒、
기 다 족 조 비 노 이 륵
戶沙族祖以謝珥、
호 사 족 조 이 사 이
皆伯利恆族祖、
개 백 리 긍 족 조

以法他長子戶珥所
이 법 타 장 자 호 이 소

生、
생

대 상 4:5

提哥亞族祖亞施戶有
제 가 아 족 조 아 시 호 유

二妻、
이 처

希拉、
희 랍

拿拉、
나 랍

대 상 4:6

拿拉生亞戶散、
나 랍 생 아 호 산

希弗、
희 불

提米尼、
제 미 니

哈轄斯他利、
합 할 사 타 리

皆拿拉之子、
개 나 랍 지 자

대 상 4:7

希拉子、
희 랍 자

洗列、
세 열

瑣轄、
쇄 할

伊提南、
이 제 남

대상 4:8

哥斯生亞諾、
가 사 생 아 닉

瑣比巴、
쇄 비 파

哈侖子亞哈黑諸家、
합 륜 자 아 합 흑 제 가

亦其後裔、
역 기 후 예

대상 4:9

雅比斯較諸昆弟爲
아 비 사 교 제 곤 제 위

尊、
존

其母命名雅比斯、
기 모 명 명 아 비 사

曰、
왈

我劬勞產之、
아 구 로 산 지

대상4:10

雅比斯籲以色列之神
아 비 사 유 이 색 열 지 천

上帝曰、
상 제 왈

願爾錫我福祉、
원 이 석 아 복 지

擴我土宇、
확 아 토 우

扶我以手、
부 아 이 수

俾免遭難遇苦、
비 면 조 난 우 고

神上帝允其所祈、
천 상 제 윤 기 소 기

대상4:11

書哈兄基祿生米黑、
서 합 형 기 록 생 미 흑

爲伊施屯之父、
위 이 시 둔 지 부

대상4:12

伊施屯生伯拉巴、
이 시 둔 생 백 랍 파

巴西亞、
파 서 아

及珥拿轄人之祖提欣
급 이 나 할 인 지 조 제 흔

拿、
나

皆利迦人、
개 리 가 인

대상4:13

基納斯子俄陀聶、
기 납 사 자 아 타 섭

西萊雅、
서 래 아

俄陀聶子哈塔、
아 타 섭 자 합 탑

대상4:14

悯挪太生俄弗拉、
민 나 태 생 아 불 랍

西萊雅生約押、
서 래 아 생 약 압

爲工師穀人之祖、
위 공 사 곡 인 지 조

其人皆工師也、
기 인 개 공 사 야

대상4:15

耶孚尼子迦勒、
야 부 니 자 가 륵

其子以路、
기 자 이 로

以拉、
이 랍

拿安、
나 안

以拉子基納斯、
이 랍 자 기 납 사

대상 4:16

耶哈利勒子、
야 할 리 륵 자

西弗、
서 볼

西法、
서 법

提利、
제 리

亞撒列、
아 살 렬

대상 4:17

以斯拉子、
이 사 랍 자

益帖、
익 첩

米列、
미열

以弗、
이불

雅倫、
아륜

米列娶法老女比提
미열취법로녀비제

雅、
아

生米利暗、
생미리암

沙買、
사매

與以實提摩族祖益
여이실제마족조익

巴、
파

대상4:18

其妻猶大婦、
기처유대부

生基多族祖雅列、
생기다족조아열

梭哥族祖希伯、
사가족조희백

撒挪亞族祖耶古鐵、
살 나 아 족 조 야 고 철

대상 4:19

拿含之妹、
나 함 지 매

荷第雅妻、
하 제 아 처

生迦米人基伊拉、
생 가 미 인 기 이 랍

及瑪迦人以實提摩、
급 마 가 인 이 실 제 마

대상 4:20

示門子、
시 문 자

暗嫩、
암 눈

林拿、
림 나

便哈南、
편 함 남

提倫、
제 륜

以示子、
이 시 자

梭黑、
사 흑

便梭黑、
편 사 흑

대상 4:21

猶大子示拉、
유 대 자 시 랍

生利迦族祖珥、
생 리 가 족 조 이

瑪利沙族祖拉大、
마 리 사 족 조 랍 대

及屬亞實比族、
급 속 아 실 비 족

織枲諸家、
직 시 제 가

대상 4:22

又生約敬、
우 생 약 경

哥西巴人、
가 서 파 인

與約阿施、
여 약 아 시

及治摩押地之薩拉、
급 치 마 압 지 지 살 랍

並雅叔比利恆、
병 아 숙 비 리 긍

此乃古昔之錄、
차 내 고 석 지 록

대상 4:23

皆爲陶人、
개 위 도 인

居於尼他應、
거 어 니 타 응

及基低拉、
급 기 저 랍

與王同處、
여 왕 동 처

爲王服役、○
위 왕 복 역

대상 4:24

西緬子、
서 면 자

尼母利、
니 모 리

雅憫、
아 민

雅立、
아 립

謝拉、
사 랍

掃羅、
소 라

대상 4:25

掃羅子沙龍、
소 라 자 사 룡

沙龍子米比衫、
사 룡 자 미 비 삼

米比衫子米施瑪、
미 비 삼 자 미 시 마

대상 4:26

米施瑪子哈母利、
미 시 마 자 합 모 리

哈母利子撒刻、
합 모 리 자 살 가

撒刻子示每、
살 각 자 시 매

대상 4:27

示每有子十六、
시 매 유 자 십 육

女六、
녀 육

惟其昆弟、
유 기 곤 제

子女無幾、
자 녀 무 기

其家不及猶大人之繁
기 가 불 급 유 대 인 지 번

衍、
연

대상 4:28

西緬人居別是巴、
서 면 인 거 별 시 파

摩拉大、
마 랍 대

哈薩書亞、
합 살 서 아

대상 4:29

辟拉、
벽 랍

以森、
이 삼

陀臘、
타 랍

대상 4:30

彼土利、
피 토 리

何珥瑪、
하 이 마

洗革拉、
세 혁 랍

대상 4:31

伯瑪嘉博、
백 마 가 박

哈薩蘇撒、
합 살 소 살

伯比利、
백 비 리

沙拉音、
사 랍 음

至大衛爲王時、
지 대 위 위 왕 시

此諸邑悉屬西緬人、
차 제 읍 실 속 서 면 인

대상 4:32

其鄉里凡五、
기 향 리 범 오

乃以坦、
내 이 탄

亞因、
아 인

臨門、
림 문

陀健、
타 건

亞珊、
아 산

대상 4:33

及其四周之鄉里、
급 기 사 주 지 향 리

至於巴力、
지 어 파 력

其所居之處卽此、
기 소 거 지 처 즉 차

各有譜系、
각 유 보 계

대상 4:34

亦有米所巴、
역 유 미 소 파

雅米勒、
아 미 륵

亞瑪謝子約沙、
아 마 사 자 약 사

대상 4:35

約珥、
약 이

約示比子耶戶、
약 시 비 자 야 호

約示比乃西萊雅子、
약 시 비 내 서 래 아 자

西萊雅乃亞薛子、
서 래 아 내 아 설 자

대상 4:36

又有以利約乃、
우 유 이 리 약 내

雅哥巴、
아가파

耶朔海、
야삭해

亞帥雅、
아수아

亞底業、
아저업

耶西篾、
야서멸

比拿雅、
비나아

대상 4:37

及示瑪雅耳孫、
급시마아이손

申利玄孫、
신리현손

耶大雅曾孫、
야대아증손

亞龍孫、
아롱손

示非子細撒、
시비자세살

대상 4:38

以上所載、
이상소재

悉爲宗族牧伯、
실위종족목백

其家增益繁多、
기가증익번다

대상4:39

其衆往谷之東、
기중왕곡지동

至基多界、
지기다계

求芻以牧羣羊、
구추이목군양

대상4:40

乃得牧場、
내득목장

土壤膏腴、
토양고유

幅員寬廣、
폭원관광

靜謐平康、
정밀평강

居民本屬含族、
거민본속함족

대상4:41

當猶大王希西家時、
당유대왕희서가시

以上所載之人、
이 상 소 재 지 인

來攻其幕、
래 공 기 막

及其同處之米烏尼
급 기 동 처 지 미 오 니

人、
인

盡滅其衆、
진 멸 기 중

據居其地、
거 거 기 지

迄於今日、
흘 어 금 일

以斯土有芻牧羣羊
이 사 토 유 추 목 군 양

也、
야

대상 4:42

西緬族五百人、
서 면 족 오 백 인

往西珥山、
왕 서 이 산

以示子毘拉提、
이 시 자 비 랍 제

尼利雅、
니리아

利法雅、
리법아

烏薛爲之長、
오설위지장

대상 4:43

擊亞瑪力族逃脫之遺
격아마력족도탈지유

民、
민

而居其地、
이거기지

迄於今日、
흘어금일

曆代誌上 第五章
역대지상 제오장

대상 5:1

流便爲以色列長子、
류편위이색열장자

因汚其父之榻、
인오기부지탑

故長子之業、
고장자지업

歸於以色列子約瑟之
귀 어 이 색 열 자 약 슬 지

子、
자

惟譜系不依此記載、
유 보 계 불 의 차 기 재

대상5:2

猶大超越諸昆弟、
유 대 초 월 제 곤 제

君王由彼而出、
군 왕 유 피 이 출

第長子之業歸約瑟、
제 장 자 지 업 귀 약 슬

대상5:3

以色列長子流便之
이 색 열 장 자 류 편 지

子、
자

哈諾、
합 낙

法路、
법 로

希斯崙、
희 사 륜

迦米、
가 미

대상5:4

約珥子示瑪雅、
약 이 자 시 마 아

示瑪雅子歌革、
시 마 아 자 가 혁

歌革子示每、
가 혁 자 시 매

대상5:5

示每子米迦、
시 매 자 미 가

米迦子利亞雅、
미 가 자 리 아 아

利亞雅子巴力、
리 아 아 자 파 력

대상5:6

巴力子備拉、
파 력 자 비 랍

乃流便族牧伯、
내 류 편 족 목 백

爲亞述王提革拉毗尼
위 아 술 왕 제 혁 랍 비 니

色所虜、
색 소 로

대상5:7

其 昆 弟 按 室 家 譜 系 爲
기 곤 제 안 실 가 보 계 위

長 者、
장 자

乃 耶 利、
내 야 리

撒 迦 利 雅、
살 가 리 아

대상 5:8

與 約 珥 曾 孫、
여 약 이 증 손

示 瑪 孫、
시 마 손

亞 撒 子 比 拉、
아 살 자 비 랍

彼 居 亞 羅 珥、
피 거 아 라 이

延 至 尼 波、
연 지 니 파

及 巴 力 免、
급 파 력 면

대상 5:9

又 東、
우 동

至 伯 拉 河 西 之 曠 野、
지 백 랍 하 서 지 광 야

蓋在基列、
개 재 기 열

其牲畜增多、
기 생 축 증 다

대상5:10

當掃羅時、
당 소 라 시

與夏甲人戰、
여 하 갑 인 전

僕之、
복 지

而居其幕、
이 거 기 막

在基列東之全境、○
재 기 열 동 지 전 경

대상5:11

迦得子孫、
가 득 자 손

居巴珊地、
거 파 산 지

延至撒迦、
연 지 살 가

與流便人相對、
여 류 편 인 상 대

대상5:12

約珥爲族長、
약 이 위 족 장

沙番次之、
사 번 차 지

又有雅乃、
우 유 아 내

及居巴珊之沙法、
급 거 파 산 지 사 법

대상5:13

其家昆弟七人、
기 가 곤 제 칠 인

乃米迦勒、
내 미 가 륵

米書蘭、
미 서 란

示巴、
시 파

約賴、
약 뢰

雅干、
아 간

細亞、
세 아

希伯、
희 백

대 상 5:14

此皆亞比孩子、
차 개 아 비 해 자

亞比孩乃戶利子、
아 비 해 내 호 리 자

戶利乃耶羅亞子、
호 리 내 야 라 아 자

耶羅亞乃基列子、
야 라 아 내 기 열 자

基列乃米迦勒子、
기 열 내 미 가 륵 자

米迦勒乃耶示篩子、
미 가 륵 내 야 시 사 자

耶示篩乃耶哈多子、
야 시 사 내 야 합 다 자

耶哈多乃布斯子、
야 합 다 내 포 사 자

대 상 5:15

又有古尼孫、
우 유 고 니 손

押比疊子亞希爲族
압 비 첩 자 아 희 위 족

長、
장

대 상 5:16

咸居基列、
함 거 기 열

與巴珊及其鄉里、
여 파 산 급 기 향 리

並沙崙郊野、
병 사 륜 교 야

至於邊境、
지 어 변 경

대상5:17

當猶大王約坦、
당 유 대 왕 약 단

以色列王耶羅波安
이 색 열 왕 야 라 파 안

時、
시

俱載入譜系、○
구 재 입 보 계

대상5:18

流便人、
류 편 인

迦得人、
가 득 인

及瑪拿西半支派、
급 마 나 서 반 지 파

能出徵之武士、
능 출 징 지 무 사

執干持刃、
집 간 지 인

挽弓發矢、
만 궁 발 시

而善戰者、
이 선 전 자

計四萬四千七百六十
계 사 만 사 천 칠 백 육 십

人、
인

대상 5:19

與夏甲人、
여 하 갑 인

伊突人、
이 돌 인

拿非施人、
나 비 시 인

挪答人戰、
나 답 인 전

대상 5:20

戰時、
전 시

呼籲天上帝、
호 유 천 상 제

天上帝因其恃己、
천 상 제 인 기 시 기

允其所祈而助之、
윤 기 소 기 이 조 지

以夏甲人及從之者、
이 하 갑 인 급 종 지 자

悉付其手、
실 부 기 수

대상5:21

虜敵之牲畜、
로 적 지 생 축

駝五萬、
타 오 만

綿羊二十五萬、
면 양 이 십 오 만

驢二千、
려 이 천

人十萬、
인 십 만

대상5:22

敵之被殺而僕者甚衆、
적 지 피 살 이 복 자 심 중

蓋此戰由於祆上帝、
개 차 전 유 어 천 상 제

遂據居其地、
수 거 거 기 지

至被虜之時、○
지 피 로 지 시

대상5:23

瑪拿西半支派居於斯
마 나 서 반 지 파 거 어 사

土、
토

自巴珊延至巴力黑
자 파 산 연 지 파 력 흑

門、
문

及示尼珥與黑門山、
급 시 니 이 여 흑 문 산

대상5:24

其族長乃以弗、
기 족 장 내 이 불

以示、
이 시

以列、
이 열

亞斯列、
아 사 열

耶利米、
야 리 미

何達威雅、
하 달 위 아

雅疊、
아 첩

皆英武有名之族長、
개 영 무 유 명 지 족 장

○

대상5:25

斯民干犯其列祖之祆
사 민 간 범 기 열 조 지 천

上帝、
상 제

狥欲從斯土居民之
순 욕 종 사 토 거 민 지

神、
신

卽祆上帝於其前、
즉 천 상 제 어 기 전

所滅諸族之神、
소 멸 제 족 지 신

대상5:26

以色列之祆上帝聳動
이 색 열 지 천 상 제 용 동

亞述二王、
아 술 이 왕

普勒與提革拉毗尼色
보 륵 여 제 혁 랍 비 니 색

之心、
지심

遂虜流便人、
수로류편인

迦得人、
가득인

及瑪拿西半支派、
급마나서반지파

至哈臘、
지합랍

哈博、
합박

哈拉、
합랍

及歌散河濱、
급가산하빈

迄於今日、
흘어금일

曆代誌上 第六章
역대지상 제륙장

대상6:1

利未子、
리미자

革順、
혁순

哥轄、
가 할

米拉利、
미 랍 리

대상6:2

哥轄子、
가 할 자

暗蘭、
암 란

以斯哈、
이 사 합

希伯倫、
희 백 륜

烏薛、
오 설

대상6:3

暗蘭子、
암 란 자

亞倫、
아 륜

摩西、
마 서

及米利暗、
급 미 리 암

亞倫子、
아 륜 자

拿答、
나 답

亞比戶、
아 비 호

以利亞撒、
이 리 아 살

以他瑪、
이 타 마

대상6:4

以利亞撒生非尼哈、
이 리 아 살 생 비 니 합

非尼哈生亞比書、
비 니 합 생 아 비 서

대상6:5

亞比書生布基、
아 비 서 생 포 기

布基生烏西、
포 기 생 오 서

대상6:6

烏西生西拉希雅、
오 서 생 서 랍 희 아

西拉希雅生米拉約、
서 랍 희 아 생 미 랍 약

대상6:7

米拉約生亞瑪利雅、
미 랍 약 생 아 마 리 아
亞瑪利雅生亞希突、
아 마 리 아 생 아 희 돌

대상 6:8
亞希突生撒督、
아 희 돌 생 살 독
撒督生亞希瑪斯、
살 독 생 아 희 마 사

대상 6:9
亞希瑪斯生亞撒利雅、
아 희 마 사 생 아 살 리 아
亞撒利雅生約哈難、
아 살 리 아 생 약 합 난

대상 6:10
約哈難生亞撒利雅、
약 합 난 생 아 살 리 아
亞撒利雅任祭司職、
아 살 리 아 임 제 사 직
於所羅門在耶路撒冷所建之室、
어 소 라 문 재 야 로 살 랭 소 건 지 실

대상6:11

亞撒利雅生亞瑪利
아살리아생아마리

雅、
아

亞瑪利雅生亞希突、
아마리아생아히돕

대상6:12

亞希突生撒督、
아히돕생살독

撒督生沙龍、
살독생사룸

대상6:13

沙龍生希勒家、
사룸생희륵가

希勒家生亞撒利雅、
희륵가생아살리아

대상6:14

亞撒利雅生西萊亞、
아살리아생서래아

西萊亞生約薩答、
서래아생약살답

대상6:15

耶和華藉尼布甲尼撒
야화화자니포갑니살

手、
수

徙猶大及耶路撒冷人
사 유 대 급 야 로 살 랭 인

時、
시

約薩答亦往焉、○
약 살 답 역 왕 언

대상6:16

利未子革順、
리 미 사 혁 순

哥轄、
가 할

米拉利、
미 랍 리

대상6:17

革順子、
혁 순 자

立尼、
립 니

示每、
시 매

대상6:18

哥轄子、
가 할 자

暗蘭、
암란

以斯哈、
이사합

希伯倫、
희백륜

烏薛、
오설

대상6:19

米拉利子、
미랍리자

抹利、
말리

母示、
모시

此利未之室家、
차리미지실가

循其宗族、
순기종족

대상6:20

革順子立尼、
혁순자립니

立尼子雅哈、
립니자아합

雅哈子新瑪、
아합자신마

대상6:21

新瑪子約亞、
신 마 자 약 아

約亞子易多、
약 아 자 역 다

易多子謝拉、
역 다 자 사 랍

謝拉子耶特賴、
사 랍 자 야 특 뢰

대상6:22

哥轄子亞米拿達、
가 할 자 아 미 나 달

亞米拿達子可拉、
아 미 나 달 자 가 랍

可拉子亞惜、
가 랍 자 아 석

대상6:23

亞惜子以利加拿、
아 석 자 이 리 가 나

以利加拿子以比雅撒、
이 리 가 나 자 이 비 아 살

以比雅撒子亞惜、
이 비 아 살 자 아 석

대상6:24

亞惜子他哈、
아 석 자 타 합

他哈子烏列、
타 합 자 오 열

烏列子烏西雅、
오 열 자 오 서 아

烏西雅子少羅、
오 서 아 자 소 라

대상6:25

以利加拿子、
이 리 가 나 자

亞瑪賽、
아 마 새

亞希摩、
아 희 마

대상6:26

亞希摩子以利加拿、
아 희 마 자 이 리 가 나

以利加拿子瑣菲、
이 리 가 나 자 쇄 비

瑣菲子拿哈、
쇄 비 자 나 합

대상6:27

拿哈子以利押、
나 합 자 이 리 압

以利押子耶羅罕、
이 리 압 자 야 라 한

耶羅罕子以利加拿、
야 라 한 자 이 리 가 나

대상 6:28

撒母耳長子約珥、
살 모 이 장 자 약 이

次子亞比亞、
차 자 아 비 아

대상 6:29

米拉利子抹利、
미 랍 리 자 말 리

抹利子立尼、
말 리 자 립 니

立尼子示每、
립 니 자 시 매

示每子烏撒、
시 매 자 오 살

대상 6:30

烏撒子示米亞、
오 살 자 시 미 아

示米亞子哈基雅、
시 미 아 자 학 기 아

哈基雅子亞帥雅、 ○
학 기 아 자 아 수 아

대 상 6:31

約匱安設之後、
약 궤 안 설 지 후

大衛立人、
대 위 립 인

以理謳歌之事、
이 리 구 가 지 사

在耶和華室、
재 야 화 화 실

대 상 6:32

遂以謳歌、
수 이 구 가

供事於會幕前、
공 사 어 회 막 전

迨所羅門建耶和華室
태 소 라 문 건 야 화 화 실

於耶路撒冷、
어 야 로 살 랭

循其班次、
순 기 반 차

以供厥職、
이 공 궐 직

대 상 6:33

侍立供職者、
시 립 공 직 자

及其子孫如左、
급 기 자 손 여 좌

哥轄之裔、
가 할 지 예

歌者希幔、
가 자 희 만

希幔乃約珥子、
희 만 내 약 이 자

約珥乃撒母耳子、
약 이 내 살 모 이 자

대상6:34

撒母耳乃以利加拿子、
살 모 이 내 이 리 가 나 자

以利加拿乃耶羅罕子、
이 리 가 나 내 야 라 한 자

耶羅罕乃以列子、
야 라 한 내 이 열 자

以列乃陀亞子、
이 열 내 타 아 자

대상6:35

陀亞乃蘇弗子、
타 아 내 소 불 자

蘇弗乃以利加拿子、
소 불 내 이 리 가 나 자

以利加拿乃瑪哈子、
이 리 가 나 내 마 합 자

瑪哈乃亞瑪賽子、
마 합 내 아 마 새 자

대상6:36

亞瑪賽乃以利加拿
아 마 새 내 이 리 가 나

子、
자

以利加拿乃約珥子、
이 리 가 나 내 약 이 자

約珥乃亞撒利雅子、
약 이 내 아 살 리 아 자

亞撒利雅乃西番雅
아 살 리 아 내 서 번 아

子、
자

대상6:37

西番雅乃他哈子、
서 번 아 내 타 합 자

他哈乃亞惜子、
타 합 내 아 석 자

亞惜乃以比雅撒子、
아 석 내 이 비 아 살 자

以比雅撒乃可拉子、
이 비 아 살 내 가 랍 자

대상 6:38

可拉乃以斯哈子、
가 랍 내 이 사 합 자

以斯哈乃哥轄子、
이 사 합 내 가 할 자

哥轄乃利未子、
가 할 내 리 미 자

利未乃以色列子、
리 미 내 이 색 열 자

대상 6:39

希幔之昆弟亞薩、
희 만 지 곤 제 아 살

侍立其右、
시 립 기 우

亞薩乃比利家子、
아 살 내 비 리 가 자

比利家乃示米亞子、
비 리 가 내 시 미 아 자

대상 6:40

示米亞乃米迦勒子、
시 미 아 내 미 가 륵 자

米家勒乃巴西雅子、
미 가 륵 내 파 서 아 자

巴西雅乃瑪基雅子、
파 서 아 내 마 기 아 자

대상6:41

瑪基雅乃伊特尼子、
마 기 아 내 이 특 니 자

伊特尼乃謝拉子、
이 특 니 내 사 랍 자

謝拉乃亞大雅子、
사 랍 내 아 대 아 자

대상6:42

亞大雅乃以探子、
아 대 아 내 이 탐 자

以探乃新瑪子、
이 탐 내 신 마 자

新瑪乃示每子、
신 마 내 시 매 자

대상6:43

示每乃雅哈子、
시 매 내 아 합 자

雅哈乃革順子、
아 합 내 혁 순 자

革順乃利未子、
혁 순 내 리 미 자

대상6:44

其昆弟米拉利之裔、
기 곤 제 미 랍 리 지 예

侍立其左者爲以探、
시 립 기 좌 자 위 이 탐

以探乃基示子、
이 탐 내 기 시 자

基示乃亞伯底子、
기 시 내 아 백 저 자

亞伯底乃瑪鹿子、
아 백 저 내 마 록 자

대상6:45

瑪鹿乃哈沙比雅子、
마 록 내 합 사 비 아 자

哈沙比雅乃亞瑪謝子、
합 사 비 아 내 아 마 사 자

亞瑪謝乃希勒家子、
아 마 사 내 희 륵 가 자

대상6:46

希勒家乃暗西子、
희 륵 가 내 암 서 자

暗西乃巴尼子、
암 서 내 파 니 자

巴尼乃沙麥子、
파 니 내 사 맥 자

대상6:47

沙麥乃末力子、
사 맥 내 말 력 자

末力乃母示子、
말 력 내 모 시 자

母示乃米拉利子、
모 시 내 미 랍 리 자

米拉利乃利未子、
미 랍 리 내 리 미 자

대상6:48

其昆弟利未人、
기 곤 제 리 미 인

乃供諸役於祆上帝
내 공 제 역 어 천 상 제

室、○
실

대상6:49

惟亞倫及其子孫、
유 아 륜 급 기 자 손

獻祭於燔祭壇及香
헌 제 어 번 제 단 급 향

壇、
단

又供諸役於至聖所、
우 공 제 역 어 지 성 소

爲以色列人贖罪、
위 이 색 열 인 속 죄

循祆上帝僕摩西所
순 천 상 제 복 마 서 소

命、
명

대상 6:50

亞倫子以利亞撒、
아 륜 자 이 리 아 살

以利亞撒子非尼哈、
이 리 아 살 자 비 니 합

非尼哈子亞比書、
비 니 합 자 아 비 서

대상 6:51

亞比書子布基、
아 비 서 자 포 기

布基子烏西、
포 기 자 오 서

烏西子西拉希雅、
오 서 자 서 랍 희 아

대상 6:52

西拉希雅子米拉約、
서 랍 희 아 자 미 랍 약

米拉約子亞瑪利雅、
미 랍 약 자 아 마 리 아

亞瑪利雅子亞希突、
아 마 리 아 자 아 히 돌

대상6:53

亞希突子撒督、
아 히 돌 자 살 독

撒督子亞希瑪斯、○
살 독 자 아 히 마 사

대상6:54

亞倫子孫所居之處、
아 륜 자 손 소 거 지 처

依其境內之營壘列
의 기 경 내 지 영 루 열

左、
좌

哥轄族首簽掣而得
가 할 족 수 첨 제 이 득

地、
지

대상6:55

在猶大地、
재 유 대 지

給以希伯崙及其四
급 이 희 백 륜 급 기 사

郊、
교

대상 6:56

惟其田及鄉里、
유기전급향리

給予耶孚尼子迦勒、
급여야부니자가륵

대상 6:57

亦以逃城希伯崙、
역이도성희백륜

給亞倫子孫、
급아륜자손

並給立拿及其郊、
병급립나급기교

雅提珥、
아제이

以實提莫及其郊、
이실제막급기교

대상 6:58

希崙及其郊、
희륜급기교

底壁及其郊、
저벽급기교

대상 6:59

亞珊及其郊、
아산급기교

伯示麥及其郊、
백시맥급기교

대상6:60

又由便雅憫支派中、
우 유 편 아 민 지 파 중

給以迦巴及其郊、
급 이 가 파 급 기 교

阿勒篾及其郊、
아 륵 멸 급 기 교

亞拿突及其郊、
아 나 돌 급 기 교

其室家所得、
기 실 가 소 득

共十三邑、
공 십 삼 읍

대상6:61

哥轄其餘之裔、
가 할 기 여 지 예

掣籤得十邑、
체 첨 득 십 읍

在瑪拿西半支派中、
재 마 나 서 반 지 파 중

대상6:62

革順之裔、
혁 순 지 예

依其室家、
의 기 실 가

由以薩迦支派、
유 이 살 가 지 파

亞設支派、
아 설 지 파

拿弗他利支派、
나 불 타 리 지 파

及居巴珊之瑪拿西支
급 거 파 산 지 마 나 서 지

派中、
파 중

得十三邑、
득 십 상 읍

대상 6:63

米拉利裔、
미 랍 리 예

依其室家、
의 기 실 가

由流便支派、
유 류 편 지 파

迦得支派、
가 득 지 파

西布倫支派中、
서 포 륜 지 파 중

掣籤得十二邑、
체 첨 득 십 이 읍

대상 6:64

以色列族以此諸邑及
이 색 열 족 이 차 제 읍 급

其郊、
기 교

給利未人、
급 리 미 인

대상 6:65

以上所錄之邑、
이 상 소 록 지 읍

由猶大支派、
유 유 대 지 파

西緬支派、
서 면 지 파

便雅憫支派中、
편 아 민 지 파 중

掣籤給之、
체 첨 급 지

대상 6:66

哥轄裔有數家、
가 할 예 유 수 가

由以法蓮支派中得
유 이 법 련 지 파 중 득

邑、
읍

대상6:67

給以以法蓮山地之逃
급 이 이 법 련 산 지 지 도

城示劍及其郊、
성 시 검 급 기 교

並給基色及其郊、
병 급 기 색 급 기 교

대상6:68

約緬及其郊、
약 면 급 기 교

伯和侖及其郊、
백 화 륜 급 기 교

대상6:68

亞雅倫及其郊、
아 아 륜 급 기 교

迦特臨門及其郊、
가 특 림 몬 급 기 교

대상6:70

哥轄其餘之裔、
가 할 기 여 지 예

由瑪拿西半支派中、
유 마 나 서 반 지 파 중

給以亞乃及其郊、
급 이 아 내 급 기 교

比連及其郊、
비 련 급 기 교

대상6:71

革順之裔、
혁 순 지 예

由瑪拿西半支派中、
유 마 나 서 반 지 파 중

給以巴珊之哥蘭及其
급 이 파 산 지 가 란 급 기

郊、
교

亞斯他錄及其郊、
아 사 타 록 급 기 교

대상6:72

又由以薩迦支派中、
우 유 이 살 가 지 파 중

給以基低斯及其郊、
급 이 기 저 사 급 기 교

大比拉及其郊、
대 비 랍 급 기 교

대상6:73

拉末及其郊、
랍 말 급 기 교

亞年及其郊、
아 년 급 기 교

대상6:74

又由亞設支派中、
우 유 아 설 지 파 중

給以瑪沙及其郊、
급 이 마 사 급 기 교

押頓及其郊、
압 돈 급 기 교

대상6:75

戶割及其郊、
호 할 급 기 교

利合及其郊、
리 합 급 기 교

대상6:76

又由拿弗他利支派中、
우 유 나 불 타 리 지 파 중

給以加利利之基低斯及其郊、
급 이 가 리 리 지 기 저 사 급 기 교

哈們及其郊、
합 문 급 기 교

基列亭及其郊、
기 열 정 급 기 교

대상6:77

米拉利其餘之裔、
미 랍 리 기 여 지 예

由西布倫支派中、
유 서 포 륜 지 파 중

給以臨摩挪及其郊、
급 이 림 마 나 급 기 교

他泊及其郊、
타 박 급 기 교

대상6:78

又在約但外、
우 재 약 단 외

耶利哥東、
야 리 가 동

由流便支派中、
유 류 편 지 파 중

給以曠野之比悉及其
급 이 광 야 지 비 실 급 기

郊、
교

雅哈撒及其郊、
아 합 살 급 기 교

대상6:79

基底莫及其郊、
기 저 막 급 기 교

米法押及其郊、
미 법 압 급 기 교

대상 6:80

又由迦得支派中、
우 유 가 득 지 파 중

給以基列之拉末及其郊、
급 이 기 열 지 랍 말 급 기 교

瑪哈念及其郊、
마 합 념 급 기 교

대상 6:81

希實本及其郊、
희 실 본 급 기 교

雅謝及其郊、
아 사 급 기 교

曆代誌上 第七章
역 대 지 상 제 칠 장

대상 7:1

以薩迦子、
이 살 가 자

陀拉、
타 랍

普亞、
보 아

雅述、
아 술

伸崙四人、
신 륜 사 인

대상 7:2

陀拉子、
타 랍 자

烏西、
오 서

利法雅、
리 법 아

耶勒、
야 륵

雅買、
아 매

易伯散、
역 백 산

示母利、
시 모 리

俱爲陀拉室家之長、
구 위 타 랍 실 가 지 장

當世英武之士、
당 세 영 무 지 사

於大衛時、
어 대 위 시

其數二萬二千六百
기 수 이 만 이 천 육 백

人、
인

대상 7:3

烏西子伊斯拉希、
오 서 자 이 사 랍 희

伊斯拉希子米迦勒、
이 사 랍 희 자 미 가 륵

俄巴底亞、
아 파 저 아

約珥、
약 이

伊示雅、
이 시 아

父子五人、
부 자 오 인

俱爲族長、
구 위 족 장

대상 7:4

與之偕者、
여 지 해 자

按其譜系室家、
안 기 보 계 실 가

能出戰之軍旅、
능 출 전 지 군 려

計三萬六千人、
계 삼 만 육 천 인

蓋其妻子衆多也、
개 기 처 자 중 다 야

대 상 7:5

其昆弟在以薩迦室
기 곤 제 재 이 살 가 실

家、
가

皆爲英武之士、
개 위 영 무 지 사

循其譜系、
순 기 보 계

計八萬七千人、○
계 팔 만 칠 천 인

대 상 7:6

便雅憫子、
편 아 민 자

比拉、
비 랍

比結、
비 결

耶疊三人、
야 첩 삼 인

대 상 7:7

比拉子、
비 랍 자

以斯本、
이 사 본

烏西、
오 서

烏薛、
오 설

耶利摩、
야 리 마

以利五人、
이 리 오 인

俱爲族長、
구 위 족 장

英武之士、
영 무 지 사

循其譜系、
순 기 보 계

計二萬二千有三十四
계 이 만 이 천 유 삼 십 사

人、
인

대상 7:8

比結子、
비 결 자

細米拉、
세 미 랍

約阿施、
약아시

以利以謝、
이리이사

以利約乃、
이리약내

暗利、
암리

耶利摩、
야리마

亞比雅、
아비아

亞拿突、
아나돌

亞拉篾、
아랍멸

皆比結之子、
개비결지자

대상 7:9

俱爲族長、
구위족장

英武之士、
영무지사

循其譜系、
순기보계

計二萬有二百人、
계 이 만 유 이 백 인

대상 7:10

耶疊子比勒罕、
야 첩 자 비 륵 한

比勒罕子耶烏施、
비 륵 한 자 야 오 시

便雅憫、
편 아 민

以忽、
이 홀

基拿拿、
기 나 나

細坦、
세 탄

他施、
타 시

亞希沙哈、
아 희 사 합

대상 7:11

皆耶疊之裔、
개 야 첩 지 예

俱爲族長、
구 위 족 장

英武之士、
영 무 지 사

能出戰之軍旅、
능 출 전 지 군 려

計一萬七千二百人、
계 일 만 칠 천 이 백 인

대상7:12

以珥子書品、
이 이 자 서 품

戶品、
호 품

亞黑子戶伸、
아 흑 자 호 신

대상7:13

拿弗他利子、
나 불 타 리 자

雅薛、
아 설

沽尼、
고 니

耶色、
야 색

沙龍、
사 룡

皆辟拉之子、○
개 벽 랍 지 자

대상7:14

瑪拿西子亞斯列、
마나서자아사열

乃其妾亞蘭女所生、
내기첩아란녀소생

又生基列之父瑪吉、
우생기열지부마길

대상7:15

瑪吉之妻、
마길지처

乃戶品書品之妹、
내호품시품지매

名瑪迦、
명마가

次子名西羅非哈、
차자명서라비합

西羅非哈僅有女、
서라비합근유녀

대상7:16

瑪吉妻瑪迦生子、
마길처마가생자

命名毘利施、
명명비리시

其弟名示利施、
기제명시리시

示利施子烏蘭、
시리시자오란

利金、
리금

대상7:17
烏蘭子比但、
오란자비단
皆瑪拿西孫、
개마나서손
瑪吉子基列之裔、
마길자기열지예

대상7:18
其妹哈摩利吉生伊施荷、
기매합마리길생이시하
亞比以謝、
아비이사
瑪拉、
마랍

대상7:19
示米大子、
시미대자
亞現、
아현
示劍、
시검

利克希、
리 극 희

阿尼安、○
아 니 안

대상 7:20

以法蓮子書提拉、
이 법 련 자 서 제 랍

書提拉子比列、
서 제 랍 자 비 열

比列子他哈、
비 열 자 타 합

他哈子以拉大、
타 합 자 이 랍 대

以拉大子他哈、
이 랍 대 자 타 합

대상 7:21

他哈子撒拔、
타 합 자 살 발

撒拔子書提拉、
살 발 자 서 제 랍

以法蓮又生以謝、
이 법 련 우 생 이 사

以列、
이 열

俱爲迦特土人所殺、
구 위 가 특 토 인 소 살

因往奪其牲畜也、
인 왕 탈 기 생 축 야

대상7:22

其父以法蓮爲之哀悼
기 부 이 법 련 위 지 애 도

多日、
다 일

兄弟咸來唁之、
형 제 함 래 언 지

대상7:23

後以法蓮與妻同室、
후 이 법 련 여 처 동 실

懷姙生子、
회 임 생 자

緣其家遭禍、
연 기 가 조 화

名子曰比利亞、
명 자 왈 비 리 아

대상7:24

其女舍伊拉、
기 녀 사 이 랍

乃建上下伯和侖、
내 건 상 하 백 화 륜

及烏羨舍伊拉、
급 오 선 사 이 랍

대상 7:25

比利阿子利法、
비리아자리법

利悉、
리실

利悉子他拉、
리실자타랍

他拉子他罕、
타랍자타한

대상 7:26

他罕子拉但、
타한자랍단

拉但子亞米忽、
랍단자아미홀

亞米忽子以利沙瑪、
아미홀자이리사마

대상 7:27

以利沙瑪子嫩、
이리사마자눈

嫩之子約書亞、
눈지자약서아

대상 7:28

其業及所居之處、
기업급소거지처

乃伯特利及其鄉里、
내백특리급기향리

東有拿蘭、
동 유 나 란

西有基色及其鄕里、
서 유 기 색 급 기 향 리

示劍及其鄕里、
시 검 급 기 향 리

延至迦薩及其鄕里、
연 지 가 살 급 기 향 리

대 상 7:29

又有近瑪拿西境、
우 유 근 마 나 서 경

伯善及其鄕里、
백 선 급 기 향 리

他納及其鄕里、
타 납 급 기 향 리

米吉多及其鄕里、
미 길 다 급 기 향 리

多珥及其鄕里、
다 이 급 기 향 리

以色列子約瑟之裔、
이 색 열 자 약 슬 지 예

居此諸邑、○
거 차 제 읍

대 상 7:30

亞設子、
아 설 자

音拏、
음 나

亦施瓦、
역 시 와

亦施韋、
역 시 위

比利亞、
비 리 아

西拉爲女弟、
서 랍 위 녀 제

대상 7:31

比利亞子、
비 리 아 자

希別、
희 별

瑪結、
마 결

瑪結爲比撒威之父、
마 결 위 비 살 위 지 부

대상 7:32

希別生雅弗勒、
희 별 생 아 불 륵

朔默、
삭 묵

何坦、
하 탄

書雅爲女弟、
서 아 위 녀 제

대상 7:33

雅弗列子、
아 불 열 자

巴薩、
파 살

賓哈、
빈 합

亞施法、
아 시 법

皆雅弗列之子、
개 아 불 열 지 자

대상 7:34

朔默子、
삭 묵 자

亞希、
아 희

羅迦、
라 가

耶戶巴、
야 호 파

亞蘭、
아 란

대상 7:35

朔默弟希連子、
삭 묵 제 희 련 자

瑣法、
쇄 법

音那、
응 나

示利斯、
시 리 사

亞抹、
아 말

대상 7:36

瑣法子、
쇄 법 자

書亞、
서 아

哈尼弗、
합 니 불

書阿勒、
서 아 륵

比利、
비 리

音拉、
음 랍

대상 7:37

比悉、
비 실

河得、
하 득

珊瑪、
산 마

施沙、
시 사

益蘭、
익 란

比拉、
비 랍

대상 7:38

益帖子、
익 첩 자

耶孚尼、
야 부 니

毘斯巴、
비 사 파

亞拉、
아 랍

대상 7:39

烏拉子、
오 랍 자

亞拉、
아 랍

漢尼業、
한 니 업

利寫、
리 사

대상 7:40

此皆亞設子孫、
차 개 아 설 자 손

俱爲族長、
구 위 족 장

卓擧英武之士、
탁 락 영 무 지 사

牧伯之首、
목 백 지 수

循其譜系、
순 기 보 계

能出戰者、
능 출 전 자

計二萬六千人、
계 이 만 육 천 인

曆代誌上 第八章
역 대 지 상 제 팔 장

대상 8:1

便雅憫生長子比拉、
편 아 민 생 장 자 비 랍

次子亞實別、
차 자 아 실 별

三子亞哈拉、
삼 자 아 합 랍

대 상 8:2

四子挪哈、
사 자 나 합

五子拉法、
오 자 랍 법

대 상 8:3

比拉子亞大、
비 랍 자 아 대

基拉、
기 랍

亞比忽、
아 비 홀

대 상 8:4

亞比書、
아 비 서

乃幔、
내 만

亞何亞、
아 하 아

대 상 8:5

基拉、
기 랍

示孚汎、
시부신

戶蘭、
호란

대상8:6

以忽子爲迦巴居民族
이홀자위가파거민족

長、
장

被虜至瑪拏轄、
피노지마나할

대상8:7

以忽子乃幔、
이홀자내만

亞希亞、
아희아

基拉、
기랍

亦皆被虜、
역개피로

基拉生烏撒、
기랍생오살

亞希忽、
아희훌

대상8:8

沙哈連出其二妻戶伸
사 합 련 출 기 이 처 호 신

巴拉之後、
파 랍 지 후

在摩押地生子、
재 마 압 지 생 자

대상8:9

乃由其妻賀得生約
내 유 기 처 하 득 생 약

巴、
파

洗比雅、
세 비 아

米沙、
미 사

瑪拉干、
마 랍 간

대상8:10

耶烏斯、
야 오 사

沙迦、
사 가

米瑪、
미 마

此皆其子、
차 개 기 자

俱爲族長、
구 위 족 장

대상 8:11

又由戶伸生亞比突、
우 유 호 신 생 아 비 돌

以利巴力、
이 리 파 력

대상 8:12

以利巴力子、
이 리 파 력 자

希伯、
희 백

米珊、
미 산

沙麥、
사 맥

沙麥建阿挪與羅德、
사 맥 건 아 나 여 라 덕

及其鄕里、
급 기 향 리

대상 8:13

又生比利亞與示瑪、
우 생 비 리 아 여 시 마

爲亞雅崙居民族長、
위 아 아 륜 거 민 족 장

逐迦特居民者、
축 가 특 거 민 자

卽斯人也、
즉 사 인 야

대상8:14

亞希約、
아 희 약

沙煞、
사 살

耶利末、
야 리 말

대상8:15

西巴第雅、
서 파 제 아

亞拉得、
아 랍 득

亞得、
아 득

대상8:16

米迦勒、
미 가 륵

伊施巴、
이 시 파

約哈、
약 합

皆比利亞之子、
개 비 리 아 지 자

대상8:17

西巴第雅、
서 파 제 아

米書蘭、
미 서 란

希西基、
히 서 기

希伯、
히 백

대상8:18

伊施米萊、
이 시 미 래

伊斯利亞、
이 사 리 아

約巴、
약 파

皆以利巴力之子、
개 이 리 파 력 지 자

대상8:19

雅金、
아 금

細基利、
세 기 리

撒底、
살 저

대상8:20

以利乃、
이 리 내

洗勒太、
세 륵 태

以列、
이 열

대상8:21

亞大雅、
아 대 아

比拉雅、
비 랍 아

申拉、
신 랍

皆示每之子、
개 시 매 지 자

대상8:22

伊施班、
이 시 반

希伯、
희 백

以列、
이 열

대상 8:23

亞伯頓、
아 백 돈

細基利、
세 기 리

哈難、
합 난

대상 8:24

哈拿尼雅、
합 나 니 아

以擱、
이 란

安陀提雅、
안 타 제 아

대상 8:25

伊弗底雅、
이 불 저 아

毘努伊勒、
비 노 이 륵

皆沙煞之子、
개 사 살 지 자

대상 8:26

珊示萊、
산 시 래

示哈利、
시 합 리

亞他利雅、
아타리아

대상 8:27

雅利西、
아리서

以利亞、
이리아

細基利、
세기리

皆耶羅罕之子、
개야라한지자

대상 8:28

俱爲族長之卓越者、
구위족장지탁월자

循其世系、
순기세계

咸居耶路撒冷、
함거야로살랭

대상 8:29

基遍之父耶利、
기편지부야리

居於基遍、
거어기편

其妻名瑪迦、
기처명마가

대상8:30

生長子亞伯頓、
생 장 자 아 백 돈

及蘇珥、
급 소 이

基士、
기 사

巴力、
파 력

拿答、
나 답

대상8:31

基多、
기 다

亞希約、
아 희 약

撒迦、
살 가

米基羅、
미 기 라

대상8:32

米基羅生示米暗、
미 기 라 생 시 미 암

此諸人亦居耶路撒
차 제 인 역 거 야 로 살

冷、
랭

與其昆弟相對、
여 기 곤 제 상 대

대상 8:33

尼珥生基士、
니 이 생 기 사

基士生掃羅、
기 사 생 소 라

掃羅生約拿單、
소 라 생 약 나 단

麥基舒亞、
맥 기 서 아

亞比拿達、
아 비 나 달

伊施巴力、
이 시 파 력

대상 8:34

約拿單子米力巴力、
약 나 단 자 미 력 파 력

米力巴力生米迦、
미 력 파 력 생 미 가

대상 8:35

米迦子毘敦、
미 가 자 비 돈

米勒、
미 륵

他利亞、
타 리 아

亞哈斯、
아 합 사

대상 8:36

亞哈斯生耶何阿達、
아 합 사 생 야 하 아 달

耶何阿達生亞拉篾、
야 하 아 달 생 아 랍 멸

亞斯瑪威、
아 사 마 위

心利、
심 리

心利生摩撒、
심 리 생 마 살

대상 8:37

摩撒生比尼亞、
마 살 생 비 니 아

比尼亞子拉法、
비 니 아 자 랍 법

拉法子以利亞薩、
랍 법 자 이 리 아 살

以利亞薩子亞悉、
이 리 아 살 자 아 실

대상8:38

亞悉有六子、
아 실 유 육 자

名亞斯利乾、
명 아 사 리 건

波基路、
파 기 로

以實瑪利、
이 실 마 리

示亞利雅、
시 아 리 아

俄巴底雅、
아 파 저 아

哈難、
합 난

皆亞悉之子、
개 아 실 지 자

대상8:39

其弟以設、
기 제 이 설

長子烏蘭、
장 자 오 란

次子耶烏施、
차 자 야 오 시

三子以利法列、
삼 자 이 리 법 열

대상 8:40

烏蘭子爲射者、
오 란 자 위 사 자

皆英武之士、
개 영 무 지 사

子孫衆多、
자 손 중 다

共五百十人、
공 오 백 십 인

俱屬便雅憫裔、
구 속 편 이 민 예

曆代誌上 第九章
역 대 지 상 제 구 장

대상 9:1

以色列族、
이 색 열 족

循其譜系核之、
순 기 보 계 핵 지

載於以色列列王紀、
재 어 이 색 열 열 왕 기

猶大因干罪戾、
유 대 인 간 죄 려

被虜至巴比倫、
피 로 지 파 비 륜

대상 9:2

先返居其邑中之業者、
선 반 거 기 읍 중 지 업 자

卽以色列族、
즉 이 색 열 족

與祭司利未人、
여 제 사 리 미 인

及尼提甯人、
급 니 제 녕 인

대상 9:3

居耶路撒冷者、
거 야 로 살 랭 자

有猶大人、
유 유 대 인

便雅憫人、
편 아 민 인

以法蓮人、
이 법 련 인

瑪拿西人、
마 나 서 인

대상 9:4

猶大子法勒斯裔、
유 대 자 법 륵 사 예

巴尼玄孫、
파 니 현 손

音利曾孫、
음 리 증 손

暗利孫、
암 리 손

亞米忽子烏太、
아 미 홀 자 오 태

대상9:5

示羅裔、
시 라 예

長子亞帥雅及其衆
상 사 아 수 이 급 기 중

子、
자

대상9:6

謝拉裔、
사 랍 예

耶烏利及其昆弟、
야 오 리 급 기 곤 제

共六百九十人、
공 육 백 구 십 인

대상9:7

便雅憫裔、
편 아 민 예

哈西努曾孫、
합 서 노 증 손

何達威雅孫、
하 달 위 아 손

米書蘭子撒路、
미 서 란 자 살 로

대상 9:8

耶羅罕子伊比尼雅、
야 라 한 자 이 비 니 아

米基立孫、
미 기 립 손

烏西子以拉、
오 서 자 이 랍

伊比尼雅曾孫、
이 비 니 아 증 손

流珥孫、
류 이 손

示法提雅子米書蘭、
시 법 제 아 자 미 서 란

대상 9:9

及其昆弟、
급 기 곤 제

循其世系、
순 기 세 계

共九百五十六人、
공 구 백 오 십 육 인

俱爲族長、○
구 위 족 장

대상9:10

祭司中有耶大雅、
제사중유야대아

耶何雅立、
야하아립

雅斤、
아근

대상9:11

司祆上帝室者、
사천상제실자

希勒家子亞薩利雅、
희륵가자아살리아

希勒家乃米書蘭子、
희륵가내미서란자

米書蘭乃撒督子、
미서란내살독자

撒督乃米拉約子、
살독내미랍약자

米拉約乃亞希突子、
미랍약내아희돌자

대상9:12

又有瑪基雅曾孫、
우유마기아증손

巴施戶珥孫、
파시호이손

耶羅罕子亞大雅、
야라한자아대아

及亞第業子瑪賽、
급아제업자마새

亞第業乃雅希細拉
아제업내아희세랍

子、
자

雅希細拉乃米書蘭
아희세랍내미서란

子、
자

米書蘭乃米實利密
미서란내미실리밀

子、
자

米實利密乃音麥子、
미실리밀내음맥자

대상9:13

及其昆弟、
급기곤제

一千七百六十人、
일천칠백육십인

皆爲族長、
개위족장

最能供祆上帝室之
최 능 공 천 상 제 실 지

役、○
역

대상9:14

利未人米拉利裔、
리 미 인 미 랍 리 예

哈沙比雅曾孫、
합 사 비 아 증 손

亞利甘孫、
아 리 감 손

哈述子示瑪雅、
합 술 자 시 마 아

대상9:15

又有拔巴甲、
우 유 발 파 갑

黑勒施、
흑 륵 시

迦拉、
가 랍

及亞薩曾孫、
급 아 살 증 손

細基利孫、
세 기 리 손

米迦子瑪探雅、
미 가 자 마 탐 아

대상9:16

耶杜頓曾孫、
야 두 돈 증 손

迦拉孫、
가 랍 손

示瑪雅子俄巴底、
시 마 아 자 아 파 저

及以利加拿孫、
급 이 리 가 나 손

亞撒子比利家、
아 살 자 비 리 가

皆居尼陀法人之鄉
개 거 니 타 법 인 지 향

里、○
리

대상9:17

司閽者乃沙龍、
사 혼 자 내 사 룡

亞穀、
아 곡

達們、
달 문

亞希幔、
아 희 만

及其昆弟、
급 기 곤 제

沙龍爲長、
사 룡 위 장

대상9:18

斯衆昔守王之東門、
사 중 석 수 왕 지 동 문

今在利未營中爲閽、
금 재 리 미 영 중 위 혼

대상9:19

可拉曾孫、
가 랍 증 손

以比雅撒孫、
이 비 아 살 손

可利子沙龍、
가 리 자 사 룡

及其昆弟可拉裔、
급 기 곤 제 가 랍 예

司供役之事、
사 공 역 지 사

守會幕之門、
수 회 막 지 문

其祖曾理耶和華之
기 조 증 리 야 화 화 지

營、
영

且守其門、
차 수 기 문

대상9:20

昔以利亞撒子非尼哈
석 이 리 아 살 자 비 니 합

統轄斯衆、
통 할 사 중

耶和華偕之、
야 화 화 해 지

대상9:21

米施利米雅子撒迦利
미 시 리 미 아 자 살 가 리

雅、
아

爲會幕之閽人、
위 회 막 지 혼 인

대상9:22

被簡爲閽者、
피 간 위 혼 자

共二百十二人、
공 이 백 십 이 인

在其鄉里、
재 기 향 리

循其譜系核之、
순 기 보 계 핵 지

乃大衛與先見撒母耳
내 대 위 여 선 견 살 모 이

所立、
소립

任此要職、
임차요직

대상9:23

彼與子孫循其班次、
피여자손순기반차

守耶和華室會幕之門、
수야화화실회막지문

대상9:24

東西南北四方、
동서남북사방

皆有閽人、
개유혼인

대상9:25

其昆弟居鄉里者、
기곤제거향리자

每七日入而與俱、
매칠일입이여구

대상9:26

閽長四人、
혼장사인

皆利未族、
개 리 미 족

任其要職、
임 기 요 직

守祆上帝室之倉庫、
수 천 상 제 실 지 창 고

대상 9:27

旣任此職、
기 임 차 직

每晨啟門、
매 신 계 문

環祆上帝室而居、
환 천 상 제 실 이 거

대상 9:28

其中有守供事之器
기 중 유 수 공 사 지 기

者、
자

器之出入、
기 지 출 입

皆核其數、
개 핵 기 수

대상 9:29

亦有理器具、
역 유 리 기 구

與聖所什物、
여 성 소 십 물

及細麪酒油、
급 세 면 주 유

乳香芳品、
유 향 방 품

대상 9:30

祭司中有以芳品製膏
제 사 중 유 이 방 품 제 고

者、
자

대상 9:31

利未人可拉族、
리 미 인 가 랍 족

沙龍長子瑪他提雅、
사 룡 장 자 마 타 제 아

職司盤炙之物、
직 사 반 자 지 물

대상 9:32

其昆弟哥轄裔中、
기 곤 제 가 할 예 중

有理陳設之餅者、
유 리 진 설 지 병 자

每安息日備之、
매 안 식 일 비 지

대상 9:33

謳歌者、
구 가 자

有利未族長、
유 리 미 족 장

居於倉舍、
거 어 창 사

晝夜供役、
주 야 공 역

無他職任、
무 타 직 임

대상 9:34

此乃利未族長之卓越
차 내 리 미 족 장 지 탁 월

者、
자

循其世系、
순 기 세 계

咸居耶路撒冷、 ○
함 거 야 로 살 랭

대상 9:35

基遍之父耶利、
기 편 지 부 야 리

居於基遍、
거 어 기 편

其妻名瑪迦、
기 처 명 마 가

대상 9:36
生長子亞伯頓、
생 장 자 아 백 돈
及蘇珥、
급 소 이
基士、
기 사
巴力、
빠 력
尼珥、
니 이
拿答、
나 답

대상 9:37
基多、
기 다
亞希約、
아 희 약
撒迦利雅、
살 가 리 아
米基羅、
미 기 라

대상 9:38

米基羅生示米暗、
미 기 라 생 시 미 암

此諸人亦居耶路撒
차 제 인 역 거 야 로 살

冷、
랭

與其昆弟相對、
여 기 곤 제 상 대

대상 9:39

尼珥生基士、
니 이 생 기 사

基士生掃羅、
기 사 생 소 라

掃羅生約拿單、
소 라 생 약 나 단

麥基舒亞、
맥 기 서 아

亞比拿達、
아 비 나 달

伊施巴力、
이 시 파 력

대상 9:40

約拿單子米力巴力、
약 나 단 자 미 력 파 력

米力巴力生米迦、
미 력 파 력 생 미 가

대상 9:41

米迦子毘敦、
미가자비돈

米勒、
미륵

他利亞、
타리아

亞哈斯、
아합사

대상 9:42

亞哈斯生雅拉、
아합사생아랍

雅拉生亞拉篾、
아랍생아랍멸

亞斯瑪威、
아사마위

心利、
심리

心利生摩撒、
심리생마살

대상 9:43

摩撒生比尼亞、
마살생비니아

比尼亞生利法雅、
비니아생리법아

利法雅生以利亞薩、
리 법 아 생 이 리 아 살

以利亞薩生亞悉、
이 리 아 살 생 아 실

대 상 9:44

亞悉有六子、
아 실 유 육 자

名亞斯利乾、
명 아 사 리 건

波基路、
파 기 로

以實瑪利、
이 실 마 리

示亞利雅、
시 아 리 아

俄巴底雅、
아 파 저 아

哈難、
합 난

皆亞悉之子、
개 아 실 지 자

曆代誌上 第十章
역 대 지 상 제 십 장

대 상 10:1

非利士人與以色列人
비리사인여이색열인

戰、
전

以色列人遁、
이색열인둔

在基利波山、
재기리파산

見殺而僕、
견살이복

대상 10:2

非利士人急追掃羅及
비리사인급추소라급

其子、
기자

殺其三子、
살기삼자

約拿單、
약나단

亞比拿達、
아비나달

麥基舒亞、
맥기서아

대상 10:3

掃羅被攻、
소라피공

戰勢劇烈、
전 세 극 렬

射者追及之、
사 자 추 급 지

窘急特甚、
군 급 특 심

대상 10:4

謂執兵者曰、
위 집 병 자 왈

爾其拔劍刺我、
이 기 발 검 자 아

免未受割者至而侮
면 미 수 할 자 지 이 모

我、
아

執兵者懼甚、
집 병 자 구 심

不敢奉命、
불 감 봉 명

掃羅遂伏劍而死、
소 라 수 복 검 이 사

대상 10:5

執兵者見掃羅死、
집 병 자 견 소 라 사

亦伏劍而死、
역 복 검 이 사

대상 10:6

於是掃羅與其三子、
어 시 소 라 여 기 삼 자

全家偕亡、
전 가 해 망

대상 10:7

居谷中之以色列衆、
거 곡 중 지 이 색 열 중

見民遁、
견 민 둔

掃羅與子皆死、
소 라 여 자 개 사

遂棄邑而逃、
수 기 읍 이 도

非利士人至而居之、
비 리 사 인 지 이 거 지

○

대상 10:8

翌日、
익 일

非利士人來剝屍、
비 리 사 인 래 박 시

見掃羅與其子僕於基
견 소 라 여 기 자 복 어 기

利波山、
리파산

대상 10:9

乃剝掃羅屍、
내박소라시

斬其首、
참기수

取其鎧甲、
취기개갑

遣使至非利士四境、
견사지비리사사경

傳於偶像及庶民、
전어우상급서민

대상 10:10

置其鎧甲於彼之神
치기개갑어피지신

廟、
묘

釘其首於大袞廟、
정기수어대곤묘

대상 10:11

基列雅比人聞非利士
기열아비인문비리사

人待掃羅之事、
인대소라지사

대상 10:12

壯士咸起、
장 사 함 기

取掃羅及其子之屍、
취 소 라 급 기 자 지 시

攜至雅比、
휴 지 아 비

葬其骨於雅比之橡
장 기 골 어 아 비 지 상

下、
하

禁食七日、
금 식 칠 일

대상 10:13

夫掃羅之死、
부 소 라 지 사

因其干犯耶和華、
인 기 간 범 야 화 화

不遵其命、
불 준 기 명

且請示於憑鬼者、
차 청 시 어 빙 귀 자

대상 10:14

而不諮諏耶和華、
이 불 자 추 야 화 화

故耶和華殺之、
고 야 화 화 살 지

以其國歸於耶西子大
이 기 국 귀 어 야 서 자 대

衛、
위

曆代誌上 第十一章
역 대 지 상 제 십 일 장

대상 11:1

以色列衆集於希伯
이 색 열 중 집 어 희 백

崙、
륜

見大衛曰、
견 대 위 왈

我爲爾之骨肉、
아 위 이 지 골 육

대상 11:2

昔掃羅爲王時、
석 소 라 위 왕 시

爾率以色列人出入、
이 솔 이 색 열 인 출 입

爾祇上帝耶和華謂爾
이 천 상 제 야 화 화 위 이

曰、
왈

爾必爲我民之牧、
이 필 위 아 민 지 목

我民以色列之君、
아 민 이 색 열 지 군

대상 11:3

以色列長老、
이 색 열 장 로

咸至希伯崙見王、
함 지 희 백 륜 견 왕

大衛在希伯崙、
대 위 재 희 백 륜

於耶和華前、
어 야 화 화 전

與之立約、
여 지 립 약

遂膏大衛、
수 고 대 위

爲以色列王、
위 이 색 열 왕

循耶和華藉撒母耳所
순 야 화 화 자 살 모 이 소

言、
언

대상 11:4

大衛與以色列衆至耶
대 위 여 이 색 열 중 지 야

路撒冷、
로 살 랭

卽耶布斯、
즉 야 포 사

時、
시

耶布斯土人居彼、
야 포 사 토 인 거 피

대상 11:5

耶布斯人謂大衛曰、
야 포 사 인 위 대 위 왈

爾必不得入此、
이 필 불 득 입 차

然大衛取錫安之保
연 대 위 취 석 안 지 보

障、
장

卽大衛城、
즉 대 위 성

대상 11:6

大衛曰、
대 위 왈

先攻耶布斯人者、
선 공 야 포 사 인 자

必爲首爲長、
필 위 수 위 장

洗魯雅子約押先上、
세 로 아 자 약 압 선 상

遂爲首、
수 위 수

대상 11:7

大衛居其保障、
대 위 기 기 보 장

故稱曰大衛城、
고 칭 왈 대 위 성

대상 11:8

大衛自米羅起、
대 위 자 미 라 기

四周築城、
사 주 축 성

其餘乃約押修葺、
기 여 내 약 압 수 즙

대상 11:9

大衛日漸昌大、
대 위 일 점 창 대

萬軍之耶和華偕之
만 군 지 야 화 화 해 지

也、 ○
야

대상 11:10
從大衛之勇士、
종 대 위 지 용 사
爲首者有力於其國、
위 수 자 유 력 어 기 국
與以色列衆立之爲
여 이 색 열 중 립 지 위
王、
왕
循耶和華諭以色列之
순 야 화 화 유 이 색 열 지
命、
명

대상 11:11
其人如左、
기 인 여 좌
哈革摩尼人雅朔班、
합 혁 마 니 인 아 삭 반
爲諸將之首、
위 제 장 지 수
一時揮戈擊斃三百
일 시 휘 과 격 폐 삼 백
人、
인

대상 11:12

其次爲亞合人、
기 차 위 아 합 인

朵多子以利亞撒、
타 다 자 이 리 아 살

爲三勇士之一、
위 삼 용 사 지 일

대상 11:13

彼與大衛在巴斯達閔、
피 여 대 위 재 파 사 달 민

非利士人咸集以戰、
비 리 사 인 함 집 이 전

在彼有田、
재 피 유 전

滿種麰麥、
만 종 모 맥

民遁於非利士人前、
민 둔 어 비 리 사 인 전

대상 11:14

彼立於田間、
피 립 어 전 간

以護其地、
이 호 기 지

殺非利士人、
살 비 리 사 인

耶和華拯之、
야 화 화 증 지

使獲大勝、
사 획 대 승

대상11:15

三十首領中、
삼 십 수 령 중

有三人下至山巖、
유 삼 인 하 지 산 암

入亞杜蘭穴、
입 아 두 란 혈

以覲大衛、
이 근 대 위

非利士軍建營於利乏
비 리 사 군 건 영 어 리 핍

音谷、
음 곡

대상11:16

時、
시

大衛在保障、
대 위 재 보 장

非利士汛在伯利恆、
비 리 사 신 재 백 리 긍

대상11:17

大衛歆羨曰、
대위흠선왈

深願有人由伯利恆門
심원유인유백리긍문

側之井、
측지정

汲水以飮我、
급수이음아

대상11:18

三人衝過非利士軍、
삼인충과비리사군

由伯利恆門側之井汲
유백리긍문측지정급

水、
수

携詣大衛、
휴예대위

大衛不飮、
대위불음

乃灌之於耶和華前、
내관지어야화화전

대상11:19

曰、
왈

願我祆上帝禁我行
원 아 천 상 제 금 아 행

此、
차

我豈飮冒死者之血
아 기 음 모 사 자 지 혈

乎、
호

蓋彼舍命取之、
개 피 사 명 취 지

故不飮、
고 불 음

三勇士所爲若此、
삼 용 사 소 위 약 차

대상 11:20

其中約押弟雅比篩爲
기 중 약 압 제 아 비 사 위

首、
수

嘗揮戈擊斃三百人、
상 휘 과 격 폐 삼 백 인

遂在三人中得名譽、
수 재 삼 인 중 득 명 예

대상 11:21

彼在三人中爲尊、
피 재 삼 인 중 위 존

故爲其魁、
고 위 기 괴

惟不得與首三人同
유 불 득 여 수 삼 인 동

列、
열

대상11:22

又有甲薛勇士耶何耶
우 유 갑 설 용 사 야 하 야

大子比拿雅、
대 지 비 니 아

大有作爲、
대 유 작 위

殺摩押人亞利伊勒二
살 마 압 인 아 리 이 륵 이

子、
자

又當雨雪時、
우 당 우 설 시

下阱擊獅、
하 정 격 사

대상11:23

又殺埃及偉人、
우 살 애 급 위 인

其人身長五肘、
기 인 신 장 오 주

其 手 執 戈、
기 수 집 과

大 如 織 器 之 梁、
대 여 직 기 지 량

比 拿 雅 執 杖 往 迎、
비 나 아 집 장 왕 영

奪 其 戈 而 殺 之、
탈 기 과 이 살 지

대상 11:24

比 拿 雅 所 爲 如 是、
비 나 아 소 위 여 시

遂 在 三 勇 士 中 得 名
수 재 삼 용 사 중 득 명

譽、
예

대상 11:25

彼 較 三 十 首 領 爲 尊、
피 교 삼 십 수 령 위 존

惟 不 及 前 三 人、
유 불 급 전 삼 인

大 衛 立 之 爲 侍 衛 長、
대 위 립 지 위 시 위 장

○

대상 11:26

軍中之勇士、
군 중 지 용 사

卽約押弟亞撒黑、
즉 약 압 제 아 살 흑

伯利恆人朶多子伊勒
백 리 긍 인 타 다 자 이 륵

哈難、
합 난

대상11:27

哈律人沙瑪、
합 률 인 사 마

比倫人希利斯、
비 륜 인 희 리 사

대상11:28

提哥亞人益吉子以
제 가 아 인 익 길 자 이

拉、
랍

亞拿突人亞比以謝、
아 나 돌 인 아 비 이 사

대상11:29

戶沙人西比該、
호 사 인 서 비 해

亞合人以來、
아 합 인 이 래

대상 11:30

尼陀法人瑪哈萊、
니 타 법 인 마 합 래

尼陀法人巴拿子希
니 타 법 인 파 나 자 희

立、
립

대상 11:31

便雅憫族、
편 아 민 족

基比亞人利拜子以
기 비 아 인 리 배 자 이

太、
태

比拉頓人比拿雅、
비 랍 돈 인 비 나 아

대상 11:32

迦實溪人戶萊、
가 실 계 인 호 래

亞拉巴人亞比、
아 랍 파 인 아 비

대상 11:33

巴路米人押斯瑪弗、
파 로 미 인 압 사 마 불

沙勒本人以利雅哈
사 륵 본 인 이 리 아 합

巴、
파

대상11:34

基孫人哈深諸子、
기손인합심제자

哈拉人沙基子約拿
합랍인사기자약나

單、
단

대상11:35

哈拉人沙甲子亞希
합랍인사갑자아희

暗、
암

吾珥子以利法勒、
오이자이리법륵

대상11:36

米基拉人希弗、
미기랍인희불

比倫人亞希雅、
비륜인아희아

대상11:37

迦密人希斯羅、
가밀인희사라

伊斯拜的兒子拿萊、
이 사 배 적 아 자 나 래

대상 11:38

拿單弟約珥、
나 단 제 약 이

哈基利子彌伯哈、
합 기 리 자 미 백 합

대상 11:39

亞捫人洗勒、
아 문 인 세 륵

比錄人拿哈萊、
비 록 인 나 합 래

爲洗魯雅子約押執兵
위 세 로 아 자 약 압 집 병

之士、
지 사

대상 11:40

以帖人以拉、
이 첩 인 이 랍

及迦立、
급 가 립

대상 11:41

赫人烏利亞、
혁 인 오 리 아

亞萊子撒拔、
아 래 자 살 발

대상11:42
流便人示撒子亞第拿、
류 편 인 시 살 자 아 제 나

爲流便族長、
위 류 편 족 장

與從者三十人、
여 종 자 삼 십 인

대상11:43
又有瑪迦子哈難、
우 유 마 가 자 합 난

彌特尼人約沙法、
미 특 니 인 약 사 법

대상11:44
亞施他拉人烏西亞、
아 시 타 랍 인 오 서 아

亞羅珥人何坦子沙瑪、
아 라 이 인 하 탄 자 사 마

耶利、
야 리

대상11:45

申利子耶疊、
신 리 자 야 첩

與其弟提洗人約哈、
여 기 제 제 세 인 약 합

대상11:46

瑪哈未人以利業、
마 합 미 인 이 리 업

伊利拿安子耶利拜、
이 리 나 안 자 야 리 배

約沙未雅、
약 사 미 아

摩押人伊特瑪、
마 압 인 이 특 마

대상11:47

以利業、
이 리 업

俄備得、
아 비 득

並米瑣八人雅西業、
병 미 쇄 팔 인 아 서 업

曆代誌上 第十二章
역 대 지 상 제 십 이 장

대상12:1

大衛避基士子掃羅、
대 위 피 기 사 자 소 라

匿於洗革拉時、
닉 어 세 혁 랍 시

有勇士歸之、
유 용 사 귀 지

助其戰鬪、
조 기 전 두

대상 12:2

皆執弓爲械、
개 집 궁 위 계

發石射矢、
발 석 사 시

左右手俱能之、
좌 우 수 구 능 지

乃掃羅之昆弟、
내 소 라 지 곤 제

便雅憫人也、
편 아 민 인 야

대상 12:3

其魁亞希以謝、
기 괴 아 희 이 사

次基比亞人示瑪子約
차 기 비 아 인 시 마 자 약

阿施、
아 시

及亞斯瑪威子耶薛、
급 아 사 마 위 자 야 설

毘力、
비 력

與比拉迦、
여 비 랍 가

亞拿突人耶戶、
아 나 돌 인 야 호

대상 12:4

基遍人以實買雅、
기 편 인 이 실 매 아

勇冠三十人、
용 관 삼 십 인

爲之長、
위 지 장

又有耶利米、
우 유 야 리 미

雅哈悉、
아 합 실

約哈難、
약 합 난

基得拉人約撒拔、
기 득 랍 인 약 살 발

대상 12:5

伊利烏賽、
이 리 오 새

耶利摩、
야 리 마

比亞利雅、
비 아 리 아

示瑪利雅、
시 마 리 아

哈律弗人示法提雅、
합 률 불 인 시 법 제 아

대상 12:6

可拉族以利加拿、
가 랍 족 이 리 가 나

耶西雅、
야 서 아

亞薩列、
아 살 열

約以謝、
약 이 사

押朔班、
압 삭 반

대상 12:7

基多人耶羅罕子猶拉、
기 다 인 야 라 한 자 유 랍

西巴第雅、
서 파 제 아

대상 12:8

迦得族亦有人歸大
가 득 족 역 유 인 귀 대

衛、
위

至曠野之保障、
지 광 야 지 보 장

俱爲勇士、
구 위 용 사

嫻習戰事、
한 습 전 사

能執干戈、
능 집 간 과

其貌如獅、
기 모 여 사

足捷如山中之鹿、
족 첩 여 산 중 지 록

대상 12:9

其魁以薛、
기 괴 이 설

次俄巴底雅、
차 아 파 저 아

三以利押、
삼 이 리 압

대상 12:10

四彌施瑪拿、
사 미 시 마 나

五耶利米、
오 야 리 미

대상 12:11

六亞太、
육 아 태

七以利業、
칠 이 리 업

대상 12:12

八約哈難、
팔 약 합 난

九以利薩巴、
구 이 리 살 파

대상 12:13

十耶利米、
십 야 리 미

十一末巴奈、
십 일 말 파 내

대상 12:14

此皆迦得人、
차 개 가 득 인

俱爲軍長、
구 위 군 장

小者當百人、
소 자 당 백 인

大者當千人、
대 자 당 천 인

대상12:15

正月約但漲溢、
정 월 약 단 창 일

斯衆濟河、
사 중 제 하

使居谷中之民逃遁、
사 거 곡 중 지 민 도 둔

東西皆然、
동 서 개 연

대상12:16

有便雅憫人、
유 편 아 민 인

猶大人、
유 대 인

至保障歸大衛、
지 보 장 귀 대 위

대상12:17

大衛出迓曰、
대 위 출 아 왈

爾若平和而來以助
이 약 평 화 이 래 이 조

我、
아

則我心與爾相契、
칙 아 심 여 이 상 계

我旣無辜、
아 기 무 고

爾若鬻我於敵、
이 약 죽 아 어 적

願我列祖之祆上帝鑒
원 아 열 조 지 천 상 제 감

察之、
찰 지

譴責之、
견 책 지

대상12:18

三十首領之魁亞瑪
삼 십 수 령 지 괴 아 마

撒、
살

感於神曰、
감 어 신 왈

大衛歟、
대 위 여

我儕屬爾、
아 제 속 이

耶西子歟、
야 서 자 여

我儕從爾、
아 제 종 이

願爾平康、
원 이 평 강

願助爾者平康、
원 조 이 자 평 강

蓋爾祅上帝助爾也、
개 이 천 상 제 조 이 야

大衛納之、
대 위 납 지

立爲軍長、
립 위 군 장

대상12:19

大衛偕非利士人、
대 위 해 비 리 사 인

往戰掃羅時、
왕 전 소 라 시

有瑪拿西人歸之、
유 마 나 서 인 귀 지

惟未助非利士人、
유 미 조 비 리 사 인

因非利士人牧伯相
인 비 리 사 인 목 백 상

議、
의

遣之去曰、
견 지 거 왈

彼必歸降其主掃羅、
피 필 귀 강 기 주 소 라

危及我首、
위 급 아 수

대상12:20

大衛往洗革拉時、
대 위 왕 세 혁 랍 시

瑪拿西人押拿、
마 나 서 인 압 나

約撒拔、
약 살 발

耶疊、
야 첩

米迦勒、
미 가 륵

約撒拔、
약 살 발

以利戶、
이 리 호

洗勒太、
세 륵 태

咸 歸 之、
함 귀 지

皆 瑪 拿 西 之 千 夫 長
개 마 나 서 지 천 부 장

也、
야

대상 12:21

斯 衆 助 大 衛 攻 羣 寇、
사 중 조 대 위 공 군 구

皆 爲 勇 士、
개 위 용 사

亦 爲 軍 長、
역 위 군 장

대상 12:22

來 助 大 衛 者、
래 조 대 위 자

日 有 其 人、
일 유 기 인

致 成 大 軍、
치 성 대 군

如 祆 上 帝 之 軍、○
여 천 상 제 지 군

대상 12:23

備 戰 之 士 至 希 伯 崙 見
비 전 지 사 지 희 백 륜 견

大衛、
대 위

欲以掃羅國位歸之、
욕 이 소 라 국 위 귀 지

循耶和華言、
순 야 화 화 언

其數如左、
기 수 여 좌

대상 12:24

猶大族、
유 대 족

執干戈而備戰者、
집 간 과 이 비 전 자

六千八百人、
육 천 팔 백 인

대상 12:25

西緬族、
서 면 족

備戰之勇士七千一百
비 전 지 용 사 칠 천 일 백

人、
인

대상 12:26

利未族、
리 미 족

四千六百人、
사 천 육 백 인

대상 12:27
亞倫家長耶何耶大、
아 륜 가 장 야 하 야 대
與從者三千七百人、
여 종 자 삼 천 칠 백 인

대상 12:28
少年勇士撒督、
소 년 용 사 살 독
及族長二十二人、
급 족 장 이 십 이 인

대상 12:29
便雅憫族、
편 아 민 족
掃羅之昆弟三千人、
소 라 지 곤 제 삼 천 인
其族强半仍從掃羅
기 족 강 반 잉 종 소 라
家、
가

대상 12:30
以法蓮族之勇士、
이 법 련 족 지 용 사

族中著名者、
족 중 저 명 자

二萬有八百人、
이 만 유 팔 백 인

대상 12:31

瑪拿西半支派、
마 나 서 반 지 파

名錄於冊、
명 록 어 책

來立大衛爲王者、
래 립 대 위 위 왕 자

一萬八千人、
일 만 팔 천 인

대상 12:32

以薩迦族、
이 살 가 족

達於時務、
달 어 시 무

知以色列人所當行
지 이 색 열 인 소 당 행

者、
자

族長二百、
족 장 이 백

同宗之昆弟、
동 종 지 곤 제

咸聽厥命、
함 청 궐 명

대상12:33

西布倫族、
서 포 륜 족

能從軍列陳、
능 종 군 열 진

執諸戰具、
집 제 전 구

整肅行伍、
정 숙 행 오

不生二心者、
불 생 이 심 자

五萬人、
오 만 인

대상12:34

拿弗他利族、
나 불 타 리 족

軍長一千、
군 장 일 천

從之執干戈者、
종 지 집 간 과 자

三萬七千人、
삼 만 칠 천 인

대상12:35

但之族、
단 지 족

能列陳者、
능 열 진 자

二萬八千六百人、
이 만 팔 천 육 백 인

대상12:36

亞設族、
아 설 족

能從軍列陳者、
능 종 군 열 진 자

四萬人、
사 만 인

대상12:37

約但東、
약 단 동

流便族、
유 편 족

迦得族、
가 득 족

瑪拿西半支派、
마 나 서 반 지 파

持諸軍器備戰者、
지 제 군 기 비 전 자

十二萬人、
십 이 만 인

대상12:38

以上所載、
이 상 소 재

皆係戰士、
개 계 전 사

能列行伍、
능 열 행 오

誠心至希伯崙、
성 심 지 희 백 륜

欲立大衛爲以色列全
욕 립 대 위 위 이 색 열 전

族之王、
족 지 왕

其餘以色列民、
기 여 이 색 열 민

亦懷一心、
역 회 일 심

立之爲王、
립 지 위 왕

대상12:39

衆與大衛偕居三日、
중 여 대 위 해 거 삼 일

式飮式食、
식 음 식 식

蓋其昆弟爲之備具
개 기 곤 제 위 지 비 구

也、
야

대상 12:40

附近之人、
부 근 지 인

及以薩迦、
급 이 살 가

西布倫、
서 포 륜

拿弗他利之人、
나 불 다 리 지 인

以驢駝騾牛
이 려 타 라 우

載餱糧、
재 후 량

無花果餠、
무 화 과 병

葡萄乾、
포 도 건

與酒油、
여 주 유

並攜牛羊
병 휴 우 양

甚多而至、
심 다 이 지

因以色列人
인 이 색 열 인

欣喜故也、
흔 희 고 야

歷代誌上 第十三章
역 대 지 상 제 십 삼 장

대상 13:1

大衛與千夫長、
대 위 여 천 부 장

百夫長、
백 부 장

諸將會議、
제 장 회 의

대상 13:2

謂以色列會衆曰、
위 이 색 열 회 중 왈

爾曹若以爲善、
이 조 약 이 위 선

此事由於我
차 사 유 어 아

祆上帝耶和華、
천 상 제 야 화 화

則可遣人往
칙 가 견 인 왕

以色列全地、
이 색 열 전 지

請我儕其餘
청 아 제 기 여

之昆弟、
지 곤 제

及居邑郊之
급 거 읍 교 지

祭司利未人、
제 사 리 미 인

使之咸集於此、
사 지 함 집 어 차

대상 13:3

我儕舁祆上帝
아 제 여 천 상 제

匱而至、
궤 이 지

蓋掃羅時、
개 소 라 시

我儕未嘗
아 제 미 상

諮諏於匱、
자 추 어 궤

대상 13:4

會衆曰、
회 중 왈

我必如是而行、
아 필 여 시 이 행

民衆咸視斯事
민 중 함 시 사 사

爲善也、
위 선 야

대상 13:5

於是大衛集
어 시 대 위 집

以色列人、
이 색 열 인

自埃及之西曷溪、
자 애 급 지 서 갈 계

至哈馬界、
지 합 마 계

欲自基列耶琳、
욕 자 기 열 야 림

舁祆上帝匱至、
여 천 상 제 궤 지

대상 13:6

大衛率以色列
대 위 솔 이 색 열

衆至巴拉、
중 지 파 랍

即屬猶大之
즉 속 유 대 지

基列耶琳、
기 열 야 림

欲舁耶和華
욕 여 야 화 화

祆上帝之匱、
천 상 제 지 궤

此匱乃以居
차 궤 내 이 거

基路伯上、
기 로 백 상

耶和華之
야 화 화 지

名而名者、
명 이 명 자

대상 13:7

遂舁祆上帝匱、
수 여 천 상 제 궤

自亞比拿達
자 아 비 나 달

室而出、
실 이 출

載於斯車、
재 어 사 차

烏撒與亞希約
오 살 여 아 희 약

禦之、
어 지

대상 13:8

大衛及以色列衆、
대 위 급 이 색 열 중

在祆上帝前、
재 천 상 제 전

極力舞蹈、
극 력 무 도

謳歌、
구 가

以琴瑟鑼鼓
이 금 슬 라 고

與角作樂、
여 각 작 악

대상 13:9

至基頓禾場、
지 기 돈 화 장

牛蹶、
우 궐

烏撒伸手扶匱、
오 살 신 수 부 궤

대상 13:10

耶和華怒烏撒、
야 화 화 노 오 살

因其伸手扶
인 기 신 수 부

匱而擊之、
궤 이 격 지

遂死於秇上帝前、
수 사 어 천 상 제 전

대상13:11

耶和華擊烏撒、
야 화 화 격 오 살

大衛不悅、
대 위 불 열

稱其地曰毘
칭 기 지 왈 비

列斯烏撒、
열 사 오 살

至於今日、
지 어 금 일

대상13:12

是日大衛畏
시 일 대 위 외

秇上帝曰、
천 상 제 왈

秇上帝之匱、
천 상 제 지 궤

何可至我所、
하 가 지 아 소

대상13:13

於是大衛不舁
어시대위불여

匱入大衛城、
궤입대위성

至於己所、
지어기소

乃轉舁至迦特
내전여지가특

人俄別以東室、
인아별이동실

대상13:14

祆上帝匱在
천상제궤재

俄別以東室三月、
아별이동실삼월

耶和華錫嘏於
야화화석하어

俄別以東家、
아별이동가

及其所有、
급기소유

曆代誌上 第十四章
역대지상 제십사장

대상14:1

推羅王希蘭遣
주 라 왕 희 란 견

使見大衛、
사 견 대 위

攜香柏及石工木
휴 향 백 급 석 공 목

工而至、
공 이 지

爲之建宮室、
위 지 건 궁 실

대상14:2

大衛乃知耶和華
대 위 내 지 야 화 화

立之爲以色列王、
립 지 위 이 색 열 왕

蓋爲其民
개 위 기 민

以色列故、
이 색 열 고

振興其國也、○
진 흥 기 국 야

대상14:3

大衛在耶路撒冷
대 위 재 야 로 살 랭

又娶後妃、
우 취 후 비

誕生子女、
탄 생 자 녀

대상 14:4

在耶路撒冷所
재 야 로 살 렘 소

生之子、
생 지 자

名沙母亞、
명 사 모 아

朔罷、
삭 파

拿單、
나 단

所羅門、
소 라 몬

대상 14:5

益轄、
익 할

以利書亞、
이 리 서 아

以利法列、
이 리 법 렬

대상 14:6

挪迦、
나 가

尼斐、
니 비

雅非亞、
아 비 아

대상 14:7

以利沙瑪、
이 리 사 마

比利雅大、
비 리 아 대

以利法列、 ○
이 리 법 열

대상 14:8

非利士人聞大衛受
비 리 사 인 문 대 위 수

膏、
고

爲以色列全族之王、
위 이 색 열 전 족 지 왕

咸至而索之、
함 지 이 색 지

大衛聞之、
대 위 문 지

遂往迎焉、
수 왕 영 언

대상 14:9

非利士人旣至、
비 리 사 인 기 지

侵利乏音谷、
침 리 핍 음 곡

대상14:10

大衛諮諏祆上帝曰、
대 위 자 추 천 상 제 왈

我往攻非利士人可
아 왕 공 비 리 사 인 가

否、
부

爾付之於我手乎、
이 부 지 어 아 수 호

耶和華曰、
야 화 화 왈

往哉、
왕 재

我必付之於爾手、
아 필 부 지 어 이 수

대상14:11

非利士人至巴力毘拉
비 리 사 인 지 파 력 비 랍

心、
심

大衛擊之、
대 위 격 지

曰、
왈

祆上帝假我手破敵、
천 상 제 가 아 수 파 적

如水之衝流然、
여 수 지 충 류 연

故名其地曰巴力毘拉
고 명 기 지 왈 파 력 비 랍

心、
심

대상 14:12

敵遺其偶像、
적 유 기 우 상

大衛宣命、
대 위 선 명

乃以火焚之、
내 이 화 분 지

대상 14:13

非利士人又侵谷中、
비 리 사 인 우 침 곡 중

대상 14:14

大衛復諮諏祆上帝、
대 위 복 자 추 천 상 제

祆上帝曰、
천 상 제 왈

勿往迎之、
물 왕 영 지

宜繞其後、
의 요 기 후

於桑林相對之所攻
어 상 림 상 대 지 소 공

之、
지

대상 14:15

聞桑杪有步履之聲、
문 상 초 유 보 리 지 성

則出戰、
칙 출 전

蓋祆上帝先爾而行、
개 천 상 제 선 이 이 행

擊非利士軍旅、
격 비 리 사 군 려

대상 14:16

大衛遵祆上帝命、
대 위 준 천 상 제 명

擊非利士軍旅、
격 비 리 사 군 려

自基遍至基色、
자 기 편 지 기 색

대상 14:17

大衛之聲名、
대위지성명
遂洋溢於列國、
수양일어열국
耶和華使列國咸畏
야화화사열국함외
之、
지

曆代誌上 第十五章
역대지상 제십오장

대상 15:1

大衛於大衛城建宮
대위어대위성건궁
室、
실
又爲祆上帝匱備所張
우위천상제궤비소장
幕、
막

대상 15:2

大衛曰、
대위왈
耶和華旣簡利未人舁
야화화기간리미인여

祆上帝匱、
천 상 제 궤

永久奉事之、
영 구 봉 사 지

他人不可舁也、
타 인 불 가 여 야

대상 15:3

大衛集以色列衆於耶
대 위 집 이 색 열 중 어 야

路撒冷、
로 살 랭

以舁耶和華匱、
이 여 야 화 화 궤

至其所備之所、
지 기 소 비 지 소

대상 15:4

又集亞倫裔、
우 집 아 륜 예

及利未人、
급 리 미 인

대상 15:5

哥轄裔、
가 할 예

族長烏列、
족 장 오 열

與其昆弟百二十人、
여 기 곤 제 백 이 십 인

대상 15:6

米拉利裔、
미 랍 리 예

族長亞帥雅、
족 장 아 수 아

與其昆弟二百二十
여 기 곤 제 이 백 이 십

人、
인

대상 15:7

革順裔、
혁 순 예

族長約珥、
족 장 약 이

與其昆弟百三十人、
여 기 곤 제 백 삼 십 인

대상 15:8

以利撒反裔、
이 리 살 반 예

族長示瑪雅、
족 장 시 마 아

與其昆弟二百人、
여 기 곤 제 이 백 인

대상 15:9

希伯倫裔、
희 백 륜 예

族長以列、
족 장 이 열

與其昆弟八十人、
여 기 곤 제 팔 십 인

대상 15:10

烏薛裔、
오 설 예

族長亞米拿達、
족 장 아 미 나 달

與其昆弟百十二人、
여 기 곤 제 백 십 이 인

대상 15:11

大衛召祭司撒督、
대 위 소 제 사 살 독

亞比亞他、
아 비 아 타

與利未人烏列、
여 리 미 인 오 열

亞帥雅、
아 수 아

約珥、
약 이

示瑪雅、
시 마 아

以列、
이 열

亞米拿達、
아 미 나 달

대상 15:12

諭之曰、
유 지 왈

爾曹爲利未族長、
이 조 위 리 미 족 장

當與昆弟自潔、
당 여 곤 제 자 결

致可舁以色列祆上帝
치 가 여 이 색 열 천 상 제

耶和華之匱、
야 화 화 지 궤

至我所備之所、
지 아 소 비 지 소

대상 15:13

爾曹初未舁之、
이 조 초 미 여 지

亦未循例尋求祆上
역 미 순 례 심 구 천 상

帝、
제

故我祆上帝耶和華擊
고 아 천 상 제 야 화 화 격

我儕、
아 제

대상15:14

祭司利未人遂自潔、
제 사 리 미 인 수 자 결

欲舁以色列祆上帝耶
욕 여 이 색 열 천 상 제 야

和華之匱而上、
화 화 지 궤 이 상

대상15:15

利未子孫、
리 미 자 손

以杠肩舁祆上帝匱、
이 강 견 여 천 상 제 궤

循摩西遵耶和華言所
순 마 서 준 야 화 화 언 소

命、
명

대상15:16

大衛告利未族長、
대 위 고 리 미 족 장

立其昆弟謳歌者、
립 기 곤 제 구 가 자

以樂器琴瑟與鈸、
이 악 기 금 슬 여 발

欣然大發其音、
흔 연 대 발 기 음

而揚厥聲、
이 양 궐 성

대상 15:17

利未人遂立約珥子希
리 미 인 수 립 약 이 자 희

幔、
만

與其昆弟比利家子亞
여 기 곤 제 비 리 가 자 아

薩、
살

及其同宗米拉利裔、
급 기 동 종 미 랍 리 예

古沙雅子以探、
고 사 아 자 이 탐

대상 15:18

其次、
기 차

昆弟撒迦利雅、
곤 제 살 가 리 아

便、
편

雅薛、
아 설

示米拉末、
시 미 랍 말

耶歇、
야 헐

烏尼、
오 니

以利押、
이 리 압

比拿雅、
비 나 야

瑪西雅、
마 서 야

瑪他提雅、
마 타 제 야

以利斐利戶、
이 리 비 리 호

彌克尼雅、
미 극 니 야

閣人俄別以東、
혼 인 아 별 이 동

耶利、
야 리

대상 15:19

如是立謳歌者希幔、
여 시 립 구 가 자 희 만

亞薩、
아 살

以探、
이 탐

擊銅鈸大發其聲、
격 동 발 대 발 기 성

대상15:20

撒迦利雅、
살 가 리 아

雅薛、
아 설

示米拉末、
시 미 랍 말

耶歇、
야 헐

烏尼、
오 니

以利押、
이 리 압

瑪西雅、
마 서 아

比拿雅鼓瑟、
비 나 아 고 슬

其聲清以細、
기 성 청 이 세

대상 15:21

瑪他提雅、
마 타 제 아

以利斐利戶、
이 리 비 리 호

彌克尼雅、
미 극 니 아

俄別以東、
아 별 이 동

耶利、
야 리

亞撒西雅鳴琴、
아 살 서 아 명 금

其聲洪而緩、
기 성 홍 이 완

爲始作者、
위 시 작 자

대상 15:22

利未族長基拿尼雅、
리 미 족 장 기 나 니 아

爲謳歌之長、
위 구 가 지 장

訓謳歌之人、
훈 구 가 지 인

以其擅此技也、
이 기 천 차 기 야

대상15:23
比利家以利加拿爲
비 리 가 이 리 가 나 위
閽、
혼
以守匱、
이 수 궤

대상15:24
祭司示巴尼、
제 사 시 파 니
約沙法、
약 사 법
拿坦業、
나 탄 업
亞瑪賽、
아 마 새
撒迦利雅、
살 가 리 아
比拿亞、
비 나 아
以利以謝、
이 리 이 사
在袛上帝匱前吹角、
재 천 상 제 궤 전 취 각

俄別以東耶希亞爲
아 별 이 동 야 희 아 위

閽、
혼

以守匱、
이 수 궤

대상 15:25

於是大衛與以色列長
어 시 대 위 여 이 색 열 장

老、
로

及千夫長、
급 천 부 장

歡然往昇耶和華之約
환 연 왕 여 야 화 화 지 약

匱、
궤

自俄別以東家而上、
자 아 별 이 동 가 이 상

대상 15:26

因祆上帝助昇耶和華
인 천 상 제 조 여 야 화 화

約匱之利未人、
약 궤 지 리 미 인

則獻牡犢七、
칙 헌 모 독 칠

牡羊七爲祭、
모 양 칠 위 제

대상 15:27

大衛與叧匱之利未
대 위 여 여 궤 지 리 미

人、
인

及謳歌長基拿尼雅、
급 구 가 장 기 나 니 아

曁衆謳歌者、
기 중 구 가 자

皆衣細枲長服、
개 의 세 시 장 복

大衛又衣枲聖衣、
대 위 우 의 시 성 의

대상 15:28

以色列衆歡呼、
이 색 열 중 환 호

吹角吹篴、
취 각 취 고

擊鈸鼓瑟、
격 발 고 슬

鳴琴奏樂、
명 금 주 악

叧耶和華約匱而上、
여 야 화 화 약 궤 이 상

대상 15:29

耶和華約匱入大衛城
야 화 화 약 궤 입 대 위 성

時、
시

掃羅女米甲自牖而
소 라 녀 미 갑 자 유 이

窺、
규

見大衛王踴躍舞蹈、
견 대 위 왕 용 약 무 도

中心鄙夷之、
중 심 비 이 지

歷代誌上 第十六章
역 대 지 상 제 십 륙 장

대상 16:1

衆舁祆上帝匱入城、
중 여 천 상 제 궤 입 성

置於大衛所張之幕、
치 어 대 위 소 장 지 막

獻燔祭及酬恩祭於祆
헌 번 제 급 수 은 제 어 천

上帝前、
상 제 전

대상 16:2

大衛獻燔祭與酬恩祭
대 위 헌 번 제 여 수 은 제

旣畢、
기 필

奉耶和華名、
봉 야 화 화 명

爲民祝嘏、
위 민 축 하

대상 16:3

頒賜以色列衆、
빈 사 이 색 열 중

無論男女、
무 론 남 녀

各予餠一方、
각 여 병 일 방

肉一臠、
육 일 련

葡萄乾餠一方、○
포 도 건 병 일 방

대상 16:4

又立利未人、
우 립 리 미 인

供役於耶和華匱前、
공 역 어 야 화 화 궤 전

讚美稱謝、
찬 미 칭 사

頌揚以色列之神上帝
송 양 이 색 열 지 천 상 제

耶和華、
야 화 화

대상 16:5

首亞薩、
수 아 살

次撒迦利雅、
차 살 가 리 아

及雅薛、
급 아 설

示米拉末、
시 미 랍 말

耶歇、
야 헐

瑪他提雅、
마 타 제 아

以利押、
이 리 압

比拿雅、
비 나 아

俄別以東、
아 별 이 동

耶利鼓瑟鳴琴、
야 리 고 슬 명 금

亞薩擊鈸發聲、
아 살 격 발 발 성

대상 16:6

祭司比拿雅、
제 사 비 나 아

雅哈悉、
아 합 실

恆吹角於祆上帝約匱
긍 취 각 어 천 상 제 약 궤

前、
전

대상 16:7

是日大衛始定、
시 일 대 위 시 정

藉亞薩與其昆弟、
자 아 살 여 기 곤 제

稱謝耶和華、
칭 사 야 화 화

대상 16:8

歌曰、
가 왈

當稱謝耶和華、
당 칭 사 야 화 화

呼籲其名、
호 유 기 명

以其作爲、
이 기 작 위

普告萬民兮、
보 고 만 민 혜

대상 16:9

謳歌之、
구 가 지

頌美之、
송 미 지

道其奇行兮、
도 기 기 행 혜

대상 16:10

以其聖名爲榮、
이 기 성 명 위 영

凡求耶和華者、
범 구 야 화 화 자

其心歡悅兮、
기 심 환 열 혜

대상 16:11

求耶和華、
구 야 화 화

與其能力、
여 기 능 력

恆尋其面兮、
긍 심 기 면 혜

대상 16:12

13 其僕以色列之裔、
기 복 이 색 열 지 예

卽其所選雅各
즉 기 소 선 아 각

子孫歟、
자 손 여

念其所行
념 기 소 행

奇事異蹟、
기 사 이 적

及其口之讞兮、
급 기 구 지 얼 혜

대상 16:14

彼乃耶和華、
피 내 야 화 화

我之祆上帝、
아 지 천 상 제

行鞫於全地兮、
행 국 어 전 지 혜

대상 16:15

當永念其約、
당 영 념 기 약

所諭萬世之言、
소 유 만 세 지 언

대상 16:16

卽與亞伯拉罕
즉 여 아 백 랍 한

所立之約、
소 립 지 약

對以撒所發之誓、
대 이 살 소 발 지 서

대상 16:17

且於雅各爲定例、
차 어 아 각 위 정 례

於以色列爲
어 이 색 열 위

永約兮、
영 약 혜

대상 16:18

曰、
왈

我必賜爾
아 필 사 이

以迦南地、
이 가 남 지

爲爾所得之業兮、
위 이 소 득 지 업 혜

대상 16:19

昔爾人寡、
석 이 인 과

其數無幾、
기 수 무 기

旅於斯土兮、
려 어 사 토 혜

대상 16:20

由此族遊於彼族、
유 차 족 유 어 피 족

自此國至於彼國、
자 차 국 지 어 피 국

대상 16:21

袄上帝不容
천 상 제 불 용

人虐遇之、
인 학 우 지

因之譴責列王兮、
인 지 견 책 열 왕 혜

대상 16:22

曰、
왈

我受膏者勿犯之、
아 수 고 자 물 범 지

我之先知勿傷之、
아 지 선 지 물 상 지

대상 16:23

全地當歌頌
전 지 당 가 송

耶和華、
야 화 화

日宣其拯救兮、
일 선 기 증 구 혜

대상 16:24

述其尊榮於列邦、
술 기 존 영 어 열 방

道其奇行於
도 기 기 행 어

萬民兮、
만 민 혜

대상 16:25

蓋耶和華爲大、
개 야 화 화 위 대

極當頌讚、
극 당 송 찬

宜寅畏之、
의 인 외 지

超越諸神兮、
초 월 제 신 혜

대상 16:26

列邦之神、
열 방 지 신

悉屬虛無、
실속허무

惟耶和華創造
유야화화창조

諸天兮、
제천혜

대상 16:27

尊榮威嚴
존영위엄

在於其前、
재이기전

能力歡愉在
능력환유재

於其所兮、
어기소혜

대상 16:28

萬民諸族歟、
만민제족여

當以尊榮能力、
당이존영능력

歸於耶和華、
귀어야화화

歸於耶和華兮、
귀어야화화혜

대상 16:29

以耶和華名
이 야 화 화 명

應得之榮歸之、
응 득 지 영 귀 지

奉獻禮物、
봉 헌 예 물

至於其前、
지 어 기 전

衣聖服而
의 성 복 이

崇拜之兮、
숭 배 지 혜

대상16:30

全地當戰慄
전 지 당 전 률

於其前、
어 기 전

世界堅定、
세 계 견 정

不至動搖兮、
불 지 동 요 혜

대상16:31

諸天其歡、
제 천 기 환

大地其喜、
대 지 기 희

當宣告列邦曰、
당 선 고 열 방 왈

耶和華爲王兮、
야 화 화 위 왕 혜

대상16:32

海及充其中者、
해 급 충 기 중 자

當淜渤兮、
당 붕 발 혜

田與其中所有、
전 여 기 중 소 유

當歡欣兮、
당 환 흔 혜

대상16:33

林間諸木、
림 간 제 목

必在耶和華前歡呼、
필 재 야 화 화 전 환 호

因其將臨、
인 기 장 림

行鞫於地兮、
행 국 어 지 혜

대상16:34

當稱謝耶和華、
당 칭 사 야 화 화

以其爲善、
이 기 위 선

慈惠永存兮、
자 혜 영 존 혜

대상 16:35

當曰救我之祆上帝
당 왈 구 아 지 천 상 제

歟、
여

尚其救援我、
상 기 구 원 아

會集我、
회 집 아

拯我於列邦、
증 아 어 열 방

俾我稱頌爾聖名、
비 아 칭 송 이 성 명

以讚美爾而獲勝、
이 찬 미 이 이 획 승

대상 16:36

以色列之祆上帝耶和
이 색 열 지 천 상 제 야 화

華、
화

當頌美之、
당 송 미 지

自亘古以迄永久兮、
자 선 고 이 흘 영 구 혜

衆民咸曰、
중 민 함 왈

阿們、
아 문

乃頌美耶和華、○
내 송 미 야 화 화

대상 16:37

大衛留亞薩與其昆弟、
대 위 류 아 살 여 기 곤 제

恒供事於耶和華約匱前、
긍 공 사 어 야 화 화 약 궤 전

循每日所宜、
순 매 일 소 의

대상 16:38

俄別以東與其昆弟六十八人、
아 별 이 동 여 기 곤 제 육 십 팔 인

及耶杜頓子俄別以
급 야 두 돈 자 아 별 이

東、
동

並何薩爲閽人、
병 하 살 위 혼 인

대상16:39

祭司撒督、
제 사 살 독

與其昆弟爲祭司者、
여 기 곤 제 위 제 사 자

咸居基遍之崇邱、
함 거 기 편 지 숭 구

在耶和華幕前、
재 야 화 화 막 전

대상16:40

恆在燔祭壇、
긍 재 번 제 단

獻燔祭於耶和華、
헌 번 제 어 야 화 화

朝夕無間、
조 석 무 간

循耶和華法律所載、
순 야 화 화 법 률 소 재

命以色列人者、
명 이 색 열 인 자

대상16:41

偕之者、
해 지 자

又有希幔、
우 유 희 만

耶杜頓、
야 두 돈

及其餘被簡、
급 기 여 피 간

名錄於冊者、
명 록 어 책 자

稱謝耶和華、
칭 사 야 화 화

以其慈惠永存也、
이 기 자 혜 영 존 야

대상 16:42

希幔耶杜頓、
희 만 야 두 돈

偕之吹角擊鈸、
해 지 취 각 격 발

大發其聲、
대 발 기 성

且以樂器和頌祆上帝
차 이 악 기 화 송 천 상 제

之歌、
지 가

耶杜頓子孫爲閽人、
야 두 돈 자 손 위 혼 인

대상 16:43
於是民衆各歸其家、
어 시 민 중 각 귀 기 가
大衛亦返、
대 위 역 반
爲眷聚祝嘏、
위 권 취 축 하

曆代誌上 第十七章
역 대 지 상 제 십 칠 장

대상 17:1
大衛居宮室時、
대 위 거 궁 실 시
謂先知拿單曰、
위 선 지 나 단 왈
我居香柏之室、
아 거 향 백 지 실
而耶和華約匱乃在帳
이 야 화 화 약 궤 내 재 장
中、
중

대상 17:2
拿單曰、
나 단 왈

爾其從心所欲而行、
이 기 종 심 소 욕 이 행

蓋祆上帝偕爾、
개 천 상 제 해 이

대상 17:3

是夜祆上帝諭拿單
시 야 천 상 제 유 나 단

曰、
왈

대상 17:4

往告我僕大衛曰、
왕 고 아 복 대 위 왈

耶和華云、
야 화 화 운

爾勿建室、
이 물 건 실

爲我居所、
위 아 거 소

대상 17:5

我自導以色列人出埃
아 자 도 이 색 열 인 출 애

及、
급

至於今日、
지 어 금 일

未嘗居室、
미 상 거 실

乃處帷幕、
내 처 유 막

由此遷彼、
유 차 천 피

대상 17:6

凡我與以色列人偕行
범 아 여 이 색 열 인 해 행

之地、
지 지

豈曾語牧我民以色列
기 증 어 목 아 민 이 색 열

之士師曰、
지 사 사 왈

曷不爲我建香柏之室
갈 불 위 아 건 향 백 지 실

乎、
호

대상 17:7

故當謂我僕大衛曰、
고 당 위 아 복 대 위 왈

萬軍之耶和華云、
만 군 지 야 화 화 운

我自羊牢中、
아 자 양 뢰 중

羊羣後、
양 군 후

取爾爲我民以色列之
취 이 위 아 민 이 색 열 지

君、
군

대상 17:8

爾之所往、
이 지 소 왕

我皆與偕、
아 개 여 해

絶爾諸敵、
절 이 제 적

將錫爾大名、
장 석 이 대 명

如世間大人之名、
여 세 간 대 인 지 명

대상 17:9

我欲爲我民以色列定
아 욕 위 아 민 이 색 열 정

一區域、
일 구 역

而栽植之、
이 재 식 지

使居己所、
사 거 기 소

不復遷移、
불 복 천 이

不復遭惡類之敗壞、
불 복 조 악 류 지 패 괴

有如疇昔、
유 여 주 석

대상17:10

及我命士師治我民以
급 아 명 사 사 치 아 민 이

色列時、
색 열 시

我必服爾諸敵、
아 필 복 이 제 적

且我告爾、
차 아 고 이

耶和華必爲爾建立家
야 화 화 필 위 이 건 립 가

室、
실

대상17:11

迨爾之日已盈、
태 이 지 일 이 영

歸爾列祖、
귀 이 열 조

我必立爾後裔、
아 필 립 이 후 예

卽爾子以嗣爾、
즉이자이사이
鞏固其國、
공고기국

대상17:12
彼將爲我建室、
피장위아건실
我必固其國位、
아필고기국위
歷久弗替、
력구불체

대상17:13
我將爲其父、
아장위기부
彼將爲我子、
피장위아자
不使我之慈惠離之、
불사아지자혜리지
如離乎先爾者、
여리호선이자

대상17:14
我必永立之於我家我國、
아필영립지어아가아국

鞏固其位、
공 고 기 위

歷久弗替、
력 구 불 체

대상17:15

拿單循此諸言、
나 단 순 차 제 언

依此啟示、
의 차 계 시

告大衛、○
고 대 위

대상17:16

大衛王入坐於耶和華
대 위 왕 입 좌 어 야 화 화

前、
전

曰、
왈

耶和華天上帝歟、
야 화 화 천 상 제 여

我何人斯、
아 하 인 사

我家若何、
아 가 약 하

爾乃導我至此乎、
이 내 도 아 지 차 호

대상17:17

祆上帝歟、
천 상 제 여

此於爾目、
차 어 이 목

猶以爲小、
유 이 위 소

爾又言及爾僕之家、
이 우 언 급 이 복 지 가

至於久遠、
지 어 구 원

耶和華祆上帝歟、
야 화 화 천 상 제 여

爾之待我、
이 지 대 아

等於尊顯之人、
등 어 존 현 지 인

대상17:18

爾僕受此尊榮、
이 복 수 차 존 영

大衛更有何詞、
대 위 경 유 하 사

蓋爾洞悉爾僕、
개 이 동 실 이 복

대상17:19

耶和華歟、
야 화 화 여

爾爲爾僕之故、
이 위 이 복 지 고

循爾心志、
순 이 심 지

行此大事、
행 차 대 사

而顯示之、
이 현 시 지

대상17:20

耶和華歟、
야 화 화 여

以我所聞、
이 아 소 문

爾無可比、
이 무 가 비

爾外無他祆上帝、
이 외 무 타 천 상 제

대상17:21

地上何民、
지 상 하 민

如爾民以色列、
여 이 민 이 색 열

祆上帝親往埃及贖
천 상 제 친 왕 애 급 속

之、
지

以爲己民、
이 위 기 민

且於所贖民前、
차 어 소 속 민 전

行大而可畏之事、
행 대 이 가 외 지 사

驅逐列邦、
구 축 열 방

而顯爾名、
이 현 이 명

대상17:22

爾立以色列民永爲爾
이 립 이 색 열 민 영 위 이

民、
민

爾耶和華爲其祆上
이 야 화 화 위 기 천 상

帝、
제

대상17:23

耶和華歟、
야 화 화 여

爾論爾僕、
이 론 이 복

與其家所言者、
여 기 가 소 언 자

求爾堅固之、
구 이 견 고 지

至於永遠、
지 어 영 원

如言而行、
여 언 이 행

대상17:24

願人永尊爾名爲大、
원 인 영 존 이 명 위 대

曰、
왈

萬軍之耶和華、
만 군 지 야 화 화

爲以色列之神上帝、
위 이 색 열 지 천 상 제

乃治以色列之神上
내 치 이 색 열 지 천 상

帝、
제

爾僕大衛之家、
이 복 대 위 지 가

必堅立於爾前、
필 견 립 어 이 전

대상 17:25

我祆上帝歟、
아 천 상 제 여

旣啟示爾僕、
기 계 시 이 복

必爲之建立家室、
필 위 지 건 립 가 실

故爾僕敢祈於爾前、
고 이 복 감 기 어 이 전

대상 17:26

耶和華歟、
야 화 화 여

爾乃祆上帝、
이 내 천 상 제

以此福許爾僕、
이 차 복 허 이 복

대상 17:27

今爾樂錫嘏於僕家、
금 이 악 석 하 어 복 가

俾永存於爾前、
비 영 존 어 이 전

耶和華歟、
야 화 화 여

爾旣錫福、
이 기 석 복

則永享其福焉、
칙 영 향 기 복 언

曆代誌上 第十八章
역 대 지 상 제 십 팔 장

대상 18:1

厥後、
궐 후

大衛擊非利士人服
대 위 격 비 리 사 인 복

之、
지

奪取迦特、
탈 취 가 특

與其鄉里、
여 기 향 리

대상 18:2

又擊摩押、
우 격 마 압

摩押人遂服役於大
마 압 인 수 복 역 어 대

衛、
위

而納貢焉、
이 납 공 언

대상 18:3

瑣巴王哈大利謝往伯
쇄 파 왕 합 대 리 사 왕 백

拉河、
랍 하

欲恢復其權時、
욕 회 복 기 권 시

大衛擊之、
대 위 격 지

至於哈馬、
지 어 합 마

대상 18:4

獲其戰車千乘、
획 기 전 차 천 승

騎兵七千、
기 병 칠 천

步卒二萬、
보 졸 이 만

戰車之馬、
전 차 지 마

則斷其筋、
칙 단 기 근

惟存百乘之馬、
유 존 백 승 지 마

대상 18:5

大馬色之亞蘭人、
대 마 색 지 아 란 인

來助瑣巴王哈大利
래 조 쇄 파 왕 합 대 리

謝、
사

大衛擊殺其人二萬二
대 위 격 살 기 인 이 만 이

千、
천

대상 18:6

大衛置戍於大馬色之
대 위 치 수 어 대 마 색 지

亞蘭、
아 란

亞蘭人遂服役於大
아 란 인 수 복 역 어 대

衛、
위

而納貢焉、
이 납 공 언

大衛無論何往、
대 위 무 론 하 왕

耶和華使之獲勝、
야 화 화 사 지 획 승

대상 18:7

大衛奪哈大利謝臣僕
대 위 탈 합 대 리 사 신 복

之金盾、
지 금 순

擒至耶路撒冷、
휴 지 야 로 살 랭

대상18:8

又自屬哈大利謝之提
우 자 속 합 대 리 사 지 제

巴與均二邑、
파 여 균 이 읍

取銅甚多、
취 동 심 다

所羅門用以製造銅海
소 라 문 용 이 제 조 동 해

及柱、
급 주

與諸銅器、
여 제 동 기

대상18:91

0 哈大利謝屢與哈馬
합 대 리 사 루 여 합 마

王陀烏戰、
왕 타 오 전

陀烏聞大衛擊敗瑣巴
타 오 문 대 위 격 패 쇄 파

王哈大利謝全軍、
왕 합 대 리 사 전 군

遂遣子哈多蘭見大衛
수견자합다란견대위

王問安、
왕문안

爲之祝嘏、
위지축하

哈多蘭攜金銀銅諸
합다란휴금은동제

器、
기

대상 18:11

大衛王以此、
대위왕이차

及得自以東、
급득자이동

摩押、
마압

亞捫、
아문

非利士、
비리사

亞瑪力、
아마력

諸族之金銀、
제족지금은

俱區別獻於耶和華、
구 구 별 헌 어 야 화 화

대상 18:12

洗魯雅子亞比篩在鹽
세 로 아 자 아 비 사 재 염

谷、
곡

擊殺以東人一萬八
격 살 이 동 인 일 만 팔

千、
천

대상 18:13

大衛置戍於以東、
대 위 치 수 어 이 동

以東人遂服役於大
이 동 인 수 복 역 어 대

衛、
위

大衛無論何往、
대 위 무 론 하 왕

耶和華使之獲勝、○
야 화 화 사 지 획 승

대상 18:14

大衛爲以色列全族之
대 위 위 이 색 열 전 족 지

王、
왕

爲其民衆施行公義、
위 기 민 중 시 행 공 의

대상 18:15

洗魯雅子約押爲軍
세 로 아 자 약 압 위 군

長、
장

亞希律子約沙法爲史
아 희 률 자 약 사 법 위 사

官、
관

대상 18:16

亞希突子撒督、
아 희 돌 자 살 독

與亞比亞他子亞比米
여 아 비 아 타 자 아 비 미

勒爲祭司、
륵 위 제 사

沙威沙爲繕寫、
사 위 사 위 선 사

대상 18:17

耶何耶大子比拿雅、
야 하 야 대 자 비 나 아

統轄基利提人、
통할기리제인

比利提人、
비리제인

大衛諸子、
대위제자

在王左右爲相、
재왕좌우위상

曆代誌上 第十九章
역대지상 제십구장

대상 19:1

厥後、
궐후

亞捫族王拿轄沒、
아문족왕나할몰

其子嗣位、
기자사위

대상 19:2

大衛曰、
대위왈

昔哈嫩父拿轄施仁慈
석합눈부나할시인자

於我、
어아

今我將施仁慈於其子
금 아 장 시 인 자 어 기 자

哈嫩、
합 눈

遂遣使往、
수 견 사 왕

唁其喪父、
언 기 상 부

大衛僕至亞捫族地、
대 위 복 지 아 문 족 지

見哈嫩以唁之、
견 합 눈 이 언 지

대상 19:3

亞捫族之牧伯謂哈嫩
아 문 족 지 목 백 위 합 눈

曰、
왈

大衛遣唁者詣爾、
대 위 견 언 자 예 이

爾意大衛果敬爾父
이 의 대 위 과 경 이 부

乎、
호

其僕詣爾、
기 복 예 이

詎非窺察此地、
거 비 규 찰 차 지

而滅之耶、
이 멸 지 야

대상 19:4

哈嫩遂執大衛僕、
합 눈 수 집 대 위 복

薙其鬚、
치 기 수

中斷其衣至臀、
중 단 기 의 지 둔

而遣之歸、
이 견 지 귀

대상 19:5

其人深以爲恥、
기 인 심 이 위 치

或以所待告大衛、
혹 이 소 대 고 대 위

乃遣人迎之曰、
내 견 인 영 지 왈

可居耶利哥、
가 거 야 리 가

俟須長而後歸、
사 수 장 이 후 귀

대상 19:6

亞捫人知己爲大衛所
아 문 인 지 기 위 대 위 소

惡、
악

哈嫩與亞捫人、
합 눈 여 아 문 인

遂以銀一千他連得、
수 이 은 일 천 타 련 득

由米所波大米、
유 미 소 파 대 미

亞蘭瑪迦、
아 란 마 가

瑣巴、
쇄 파

雇戰車、
고 전 차

募騎兵、
모 기 병

대상 19:7

得戰車三萬二千乘、
득 전 차 삼 만 이 천 승

及瑪迦王與其民衆咸
급 마 가 왕 여 기 민 중 함

至、
지

建營於米底巴前、
건 영 어 미 저 파 전

亞捫人亦自其諸邑、
아 문 인 역 자 기 제 읍

會集以戰、
회 집 이 전

대 상 19:8

大衛聞之、
대 위 문 지

則遣約押率勇士全
칙 견 약 압 솔 용 사 전

軍、
군

대 상 19:9

亞捫族出、
아 문 족 출

列陳於邑門、
열 진 어 읍 문

偕來之王、
해 래 지 왕

別列於野、
별 열 어 야

대 상 19:10

約押見其前後列陳、
약 압 견 기 전 후 열 진

則簡以色列之精兵、
칙 간 이 색 열 지 정 병

陳列行伍、
진 열 행 오

以禦亞蘭人、
이 어 아 란 인

대상 19:11

以餘軍付弟亞比篩、
이 여 군 부 제 아 비 사

陳列行伍、
진 열 행 오

以禦亞捫族、
이 어 아 문 족

대상 19:12

曰、
왈

如亞蘭人强於我、
여 아 란 인 강 어 아

爾則助我、
이 칙 조 아

如亞捫人强於爾、
여 아 문 인 강 어 이

我則助爾、
아 칙 조 이

대상 19:13

宜强乃志、
의 강 내 지

爾我當爲我民、
이 아 당 위 아 민

及我祆上帝邑、
급 아 천 상 제 읍

爲大丈夫、
위 대 장 부

願耶和華成其所欲、
원 야 화 화 성 기 소 욕

대상 19:14

約押與所偕之民、
약 압 여 소 해 지 민

進與亞蘭人戰、
진 여 아 란 인 전

亞蘭人遁於其前、
아 란 인 둔 어 기 전

대상 19:15

亞捫族見亞蘭人遁、
아 문 족 견 아 란 인 둔

亦遁於其弟亞比篩
역 둔 어 기 제 아 비 사

前、
전

而入於邑、
이 입 어 읍

約押遂返耶路撒冷、
약 압 수 반 야 로 살 랭

○

대상19:16

亞蘭人見己爲以色列
아 란 인 견 기 위 이 색 열

所敗、
소 패

則遣使招河外之亞蘭
칙 견 사 초 하 외 지 아 란

人出、
인 출

哈大利謝之軍長朔法
합 대 리 사 지 군 장 삭 법

率之、
솔 지

대상19:17

或告大衛、
혹 고 대 위

遂集以色列衆、
수 집 이 색 열 중

濟約但遇敵、
제 약 단 우 적

列陳而攻之、
열 진 이 공 지

亞蘭人則與之戰、
아 란 인 칙 여 지 전

대상 19:18

亞蘭人遁於以色列衆
아 란 인 둔 어 이 색 열 중

前、
전

大衛戮其戰車七千乘
대 위 륙 기 전 차 칠 천 승

之卒、
지 졸

步卒四萬、
보 졸 사 만

殺其軍長朔法、
살 기 군 장 삭 법

대 상 19:19

哈大利謝臣僕見其爲
합 대 리 사 신 복 견 기 위

以色列所敗、
이 색 열 소 패

遂與大衛修好、
수 여 대 위 수 호

而服事之、
이 복 사 지

嗣後亞蘭人不復助亞
사 후 아 란 인 불 복 조 아

捫族、
문족

曆代誌上 第二十章
역대지상 제이십장

대상20:1

歲初、
세초

列王出戰時、
열왕출전시

約押率軍燬亞捫族
약압솔군훼아문족

地、
지

往圍拉巴、
왕위랍파

大衛居於耶路撒冷、
대위거어야로살랭

約押攻拉巴墮之、
약압공랍파타지

대상20:2

大衛奪其王首之冕、
대위탈기왕수지면

權其金一他連得、
권기금일타련득

飾以寶石、
식 이 보 석

置於大衛首、
치 어 대 위 수

又自邑中、
우 자 읍 중

攜出貨財甚多、
휴 출 화 재 심 다

대상20:3

且出其邑民、
차 출 기 읍 민

使之服役於鋸、
사 지 복 역 어 거

及鐵耙與斧、
급 철 파 여 부

大衛待亞捫族諸邑、
대 위 대 아 문 족 제 읍

皆若是、
개 약 시

大衛率民衆歸耶路撒
대 위 솔 민 중 귀 야 로 살

冷、○
랭

대상20:4

厥後、
궐 후

與非利士人戰於基
여 비 리 사 인 전 어 기
色、
색
戶沙人西比該、
호 사 인 서 비 해
殺利乏裔細派、
살 리 핍 예 세 파
敵遂降服、
적 수 강 복

대상 20:5

又與非利士人戰、
우 여 비 리 사 인 전
睚珥子伊勒哈難、
애 이 자 이 륵 합 난
殺迦特人歌利亞弟拉
살 가 특 인 가 리 아 제 랍
哈米、
합 미
其槍之柯、
기 창 지 가
大如織器之梁、
대 여 직 기 지 량

대상 20:6

又戰於迦特、
우 전 어 가 특

有利乏裔一人、
유 리 핍 예 일 인

軀幹修偉、
구 간 수 위

手足各有六指、
수 족 각 유 육 지

共二十有四、
공 이 십 유 사

대상20:7

其人侮以色列族時、
기 인 모 이 색 열 족 시

大衛兄示米亞子約拿
대 위 형 시 미 아 자 약 나

單殺之、
단 살 지

대상20:8

此皆利乏裔、
차 개 리 핍 예

生於迦特、
생 어 가 특

死於大衛、
사 어 대 위

及其臣僕之手、
급 기 신 복 지 수

曆代誌上 第二十一章
역대지상 제이십일장

대상21:1

撒但起敵以色列人、
살단기적이색열인

激大衛核數之、
격대위핵수지

대상21:2

大衛諭約押及民長曰、
대위유약압급민장왈

往核以色列人、
왕핵이색열인

自別是巴至但、
자별시파지단

返而告我、
반이고아

使我知其數、
사아지기수

대상21:3

約押曰、
약압왈

願耶和華增益其民、
원 야 화 화 증 익 기 민

百倍於今、
백 배 어 금

我主我王歟、
아 주 아 왕 여

斯衆非皆爾僕乎、
사 중 비 개 이 복 호

我主何爲命此、
아 주 하 위 명 차

何陷以色列人於罪
하 함 이 색 열 인 어 죄

乎、
호

대상21:4

然約押爲王命所迫、
연 약 압 위 왕 명 소 박

遂往徧行以色列境、
수 왕 편 행 이 색 열 경

返耶路撒冷、
반 야 로 살 랭

대상21:5

以民數進於大衛、
이 민 수 진 어 대 위

以色列人執刃者、
이 색 열 인 집 인 자

百有十萬、
백 유 십 만

猶大人執刃者、
유 대 인 집 인 자

四十七萬、
사 십 칠 만

대상21:6

惟利未人與便雅憫人
유 리 미 인 여 편 아 민 인

未核、
미 핵

因約押以王命爲可惡
인 약 압 이 왕 명 위 가 악

也、
야

대상21:7

祆上帝不悅此事、
천 상 제 불 열 차 사

遂擊以色列人、
수 격 이 색 열 인

대상21:8

大衛禱祆上帝曰、
대 위 도 천 상 제 왈

我行此事、
아 행 차 사

大干罪戾、
대 간 죄 려

愚昧之甚、
우 매 지 심

求爾宥僕之過、
구 이 유 복 지 과

대상21:9

耶和華諭大衛之先見
야 화 화 유 대 위 지 선 견

迦得曰、
가 득 왈

대상21:10

往告大衛曰、
왕 고 대 위 왈

耶和華云、
야 화 화 운

我以三者示爾、
아 이 삼 자 시 이

可擇其一、
가 택 기 일

我行於爾、
아 행 어 이

대상21:11

迦得遂詣大衛曰、
가 득 수 예 대 위 왈

耶和華云、
야 화 화 운

爾其擇所欲者、
이 기 택 소 욕 자

대상21:12

或饑饉三年、
혹 기 근 삼 년

或爲敵所敗、
혹 위 적 소 패

被敵以刃追襲三月、
피 적 이 인 추 습 삼 월

或耶和華以疫爲刃、
혹 야 화 화 이 역 위 인

遍行斯土、
편 행 사 토

耶和華之使者滅以色
야 화 화 지 사 자 멸 이 색

列四境三日、
열 사 경 삼 일

爾其思之、
이 기 사 지

俾我覆遣我者、
비 아 복 견 아 자

대상21:13

大衛謂迦得曰、
대 위 위 가 득 왈

我處窘迫之境、
아 처 군 박 지 경

耶和華矜恤維大、
야 화 화 긍 휼 유 대

願陷於其手、
원 함 어 기 수

勿陷於人手、
물 함 어 인 수

대상21:14

於是耶和華降疫癘於
이 시 야 화 화 강 역 려 어

以色列、
이 색 열

隕者七萬、
운 자 칠 만

대상21:15

祆上帝遣使往滅耶路
천 상 제 견 사 왕 멸 야 로

撒冷、
살 랭

將滅之時、
장 멸 지 시

耶和華見之、
야 화 화 견 지

悔降斯禍、
회 강 사 화

遂諭施剿之使曰、
수 유 시 초 지 사 왈

足矣、
족 의

可止爾手、
가 지 이 수

其時耶和華之使者、
기 시 야 화 화 지 사 자

立於耶布斯人阿珥楠
립 어 야 포 사 인 아 이 남

之禾場、
지 화 장

대상21:16

大衛擧目、
대 위 거 목

見耶和華使者立於空
견 야 화 화 사 자 립 어 공

際、
제

拔刃在手、
발 인 재 수

指耶路撒冷、
지 야 로 살 랭

大衛與諸長老、
대 위 여 제 장 로

皆衣麻衣、
개 의 마 의

俯伏於地、
부 복 어 지

대상21:17

大衛禱祆上帝曰、
대 위 도 천 상 제 왈

命核民數者非我乎、
명 핵 민 수 자 비 아 호

我犯罪行惡、
아 범 죄 행 악

此羣羊何爲、
차 군 양 하 위

願我祆上帝耶和華手
원 아 천 상 제 야 화 화 수

攻我、
공 아

及我父家、
급 아 부 가

勿攻爾民、
물 공 이 민

使遘斯災、
사 구 사 재

대상21:18

耶和華之使者命迦得
야 화 화 지 사 자 명 가 득

告大衛、
고 대 위

宜上爲耶和華築壇、
의 상 위 야 화 화 축 단

在耶布斯人阿珥楠之
재 야 포 사 인 아 이 남 지

禾場、
화 장

대상21:19

遂依迦得奉耶和華
수 의 가 득 봉 야 화 화

名、
명

所諭之言而上、
소 유 지 언 이 상

대상21:20

適阿珥楠打麥、
적 아 이 남 타 맥

回顧見天使、
회 고 견 천 사

所偕四子俱避匿、
소 해 사 자 구 피 닉

대상21:21

大衛至阿珥楠處、
대 위 지 아 이 남 처

阿珥楠見之、
아 이 남 견 지

乃出禾場、
내 출 화 장

伏地而拜、
복 지 이 배

대상21:22

大衛謂之曰、
대 위 위 지 왈

以此禾場予我、
이 차 화 장 여 아

我爲耶和華築壇其上、
아 위 야 화 화 축 단 기 상

俾疫止於民間、
비 역 지 어 민 간

必足其價、
필 족 기 가

以場予我、
이 장 여 아

대상21:23

阿珥楠曰、
아 이 남 왈

取之可也、
취 지 가 야

願我主我王依所視爲
원 아 주 아 왕 의 소 시 위

善者而行、
선 자 이 행

牛爲燔祭、
우 위 번 제

打谷之具爲柴、
타 곡 지 구 위 시

麥爲素祭、
맥 위 소 제

我悉予之、
아 실 여 지

대상21:24

大衛王曰、
대 위 왕 왈

不然、
불 연

我必足其價以購之、
아 필 족 기 가 이 구 지

不取爾物獻於耶和
불 취 이 물 헌 어 야 화

華、
화

不費財之燔祭、
불 비 재 지 번 제

我不獻之、
아 불 헌 지

대상21:25
於是大衛權黃金六百
어 시 대 위 권 황 금 육 백
舍客勒、
사 객 륵
予阿珥楠、
여 아 이 남
以購其地、
이 구 기 지

대상21:26
大衛爲耶和華築壇於
대 위 위 야 화 화 축 단 어
彼、
피
獻燔祭與酬恩祭、
헌 번 제 여 수 은 제
籲耶和華、
유 야 화 화
耶和華自天允之、
야 화 화 자 천 윤 지
降火於燔祭壇、
강 화 어 번 제 단

대상21:27

耶和華命使者韜刃於鞘、○
야 화 화 명 사 자 도 인 어 조

대상 21:28

是時大衛見耶和華於
시 시 대 위 견 야 화 화 어

耶布斯人阿珥楠之禾
야 포 사 인 아 이 남 지 화

場、
장

允其所祈、
윤 기 소 기

則獻祭於彼、
칙 헌 제 어 피

대상 21:29

時、
시

耶和華之幕、
야 화 화 지 막

與燔祭壇、
여 번 제 단

卽摩西在曠野所造
즉 마 서 재 광 야 소 조

者、
자

皆在基遍崇邱、
개 재 기 편 숭 구

대상21:30

大衛不敢往彼諮諏祆
대 위 불 감 왕 피 자 추 천

上帝、
상 제

因懼耶和華使者之刃
인 구 야 화 화 사 자 지 인

也、
야

曆代誌上 第二十二章
역 대 지 상 제 이 십 이 장

대상22:1

大衛曰、
대 위 왈

此乃耶和華祆上帝之
차 내 야 화 화 천 상 제 지

室、
실

以色列燔祭之壇、○
이 색 열 번 제 지 단

대상22:2

大衛命集旅於以色列
대 위 명 집 려 어 이 색 열

地之人、
지 지 인

選石工鑿石、
선 석 공 착 석

以建祆上帝室、
이 건 천 상 제 실

대상 22:3

大衛備鐵甚多、
대 위 비 철 심 다

以爲門扉之釘及鈎、
이 위 문 비 지 정 급 구

又備銅無算、
우 비 동 무 산

대상 22:4

香柏無數、
향 백 무 수

蓋西頓推羅人運之甚
개 서 돈 추 라 인 운 지 심

多也、
다 야

대상 22:5

大衛曰、
대 위 왈

我子所羅門尚衝弱、
아 자 소 라 문 상 충 약

爲耶和華建室、
위 야 화 화 건 실

必極壯麗、
필 극 장 려

聲譽榮光、
성 예 영 광

播於萬國、
파 어 만 국

故我必爲之備、
고 아 필 위 지 비

於是大衛未死之先、
어 시 대 위 미 사 지 선

儲材豐盛、 ○
저 재 풍 성

대상 22:6

大衛召子所羅門、
대 위 소 자 소 라 문

囑其爲以色列之祇上
촉 기 위 이 색 열 지 천 상

帝耶和華建室、
제 야 화 화 건 실

대상 22:7

謂之曰、
위 지 왈

我子歟、
아 자 여

我有意爲我祆上帝耶
아 유 의 위 아 천 상 제 야

和華之名建室、
화 화 지 명 건 실

대상22:8

惟耶和華降諭於我
유 야 화 화 강 유 어 아

曰、
왈

爾流人血甚多、
이 류 인 혈 심 다

屢經大戰、
루 경 대 전

不可爲我名建室、
불 가 위 아 명 건 실

因爾多流人血於地、
인 이 다 류 인 혈 어 지

爲我目擊、
위 아 목 격

대상22:9

爾將生子、
이 장 생 자

彼處平康、
피 처 평 강

厥名所羅門、
궐 명 소 라 문

我必錫以綏安、
아 필 석 이 수 안

使免四周諸敵之擾、
사 면 사 주 제 적 지 요

彼在位時、
피 재 위 시

我必錫綏安於以色列
아 필 석 수 안 어 이 색 열

族、
족

대상22:10

彼將爲我名建室、
피 장 위 아 명 건 실

彼必爲我子、
피 필 위 아 자

我必爲其父、
아 필 위 기 부

固其國位於以色列、
고 기 국 위 어 이 색 열

歷世弗替、
력 세 불 체

대상22:11

我子歟、
아 자 여

願耶和華偕爾、
원 야 화 화 해 이

願爾亨通、
원 이 형 통

建爾祅上帝耶和華之室、
건 이 천 상 제 야 화 화 지 실

循其所言、
순 기 소 언

대상22:12

願耶和華賦爾睿智聰明、
원 야 화 화 부 이 예 지 총 명

使爾受命治以色列、
사 이 수 명 치 이 색 열

守爾祅上帝耶和華之律、
수 이 천 상 제 야 화 화 지 률

대상22:13

爾若遵行耶和華藉摩西、
이 약 준 행 야 화 화 자 마 서

命以色列人之典章律
명 이 색 열 인 지 전 장 률

例、
례

則必亨通、
칙 필 형 통

强乃心、
강 내 심

壯乃志、
장 내 지

勿畏葸、
물 외 사

勿恐惶、
물 공 황

대상22:14

我於困難中、
아 어 곤 난 중

爲耶和華室、
위 야 화 화 실

備金十萬他連得、
비 금 십 만 타 련 득

銀百萬他連得、
은 백 만 타 련 득

銅鐵甚多、
동 철 심 다

莫權其數、
막 권 기 수

亦備木石、
역 비 목 석

爾可增益之、
이 가 증 익 지

대상 22:15

且爾多有匠役、
차 이 다 유 장 역

石工木工、
석 공 목 공

及諸巧匠、
급 제 교 장

대상 22:16

金銀銅鐵無數、
금 은 동 철 무 수

爾其興起造作、
이 기 흥 기 조 작

願耶和華偕爾、
원 야 화 화 해 이

대상 22:17

大衛又命以色列諸牧
대 위 우 명 이 색 열 제 목

伯、
백

助子所羅門曰、
조 자 소 라 문 왈

대상22:18

爾祆上帝耶和華非偕
이 천 상 제 야 화 화 비 해

爾、
이

賜爾四周平康乎、
사 이 사 주 평 강 호

蓋彼以斯土之民付我
개 피 이 사 토 지 민 부 아

手、
수

俾地爲耶和華與其民
비 지 위 야 화 화 여 기 민

所轄、
소 할

대상22:19

今當專爾心、
금 당 전 이 심

定爾志、
정 이 지

尋求爾祆上帝耶和
심 구 이 천 상 제 야 화

華、
화

興起而建祆上帝耶和
흥 기 이 건 천 상 제 야 화

華之聖所、
화 지 성 소

舁耶和華之約匱、
여 야 화 화 지 약 궤

及祆上帝之聖器、
급 천 상 제 지 성 기

入於爲耶和華名所建
입 어 위 야 화 화 명 소 건

之室、
지 실

曆代誌上 第二十三章
역 대 지 상 제 이 십 삼 장

대 상 23:1

大衛壽高年邁、
대 위 수 고 년 매

立子所羅門爲以色列
립 자 소 라 문 위 이 색 열

王、
왕

대 상 23:2

集以色列諸牧伯、
집 이 색 열 제 목 백

及祭司利未人、
급 제 사 리 미 인

대상 23:3

利未人自三十歲以上
리 미 인 자 삼 십 세 이 상

者、
자

核其丁男、
핵 기 정 남

共三萬八千人、
공 삼 만 팔 천 인

대상 23:4

其中督耶和華室之工
기 중 독 야 화 화 실 지 공

者、
자

二萬四千、
이 만 사 천

爲有司士師者六千、
위 유 사 사 사 자 육 천

대상 23:5

司閽者四千、
사 혼 자 사 천

以大衛所作之樂器、
이 대 위 소 작 지 악 기

頌讚耶和華者四千、
송 찬 야 화 화 자 사 천

대상23:6

大衛循利未子革順、
대 위 순 리 미 자 혁 순

哥轄、
가 할

米拉利、
미 랍 리

分其裔爲班次、
분 기 예 위 반 차

대상23:7

革順裔拉但、
혁 순 예 랍 단

示每、
시 매

대상23:8

拉但子、
랍 단 자

耶歇爲長、
야 헐 위 장

又有細坦、
우 유 세 탄

約珥、
약 이

共三人、
공 삼 인

대상23:9

示每子、
시 매 자

示羅密、
시 라 밀

哈薛、
하 설

哈蘭三人、
합 란 삼 인

皆爲拉但族長、
개 위 랍 단 족 장

대상23:10

示每子、
시 매 자

雅哈、
아 합

細拿、
세 나

耶烏施、
야 오 시

比利亞、
비 리 아

此四人、
차 사 인

皆示每之子、
개 시 매 지 자

대상23:11

雅哈爲長、
아 합 위 장

細撒次之、
세 살 차 지

耶烏施與比利亞、
야 오 시 여 비 리 아

丁男無多、
정 남 무 다

故歸一族核數、
고 귀 일 족 핵 수

대상23:12

哥轄子、
가 할 자

暗蘭、
암 란

以斯哈、
이 사 합

希伯倫、
희 백 륜

烏薛四人、
오 설 사 인

대상23:13

暗蘭子、
암란자

亞倫、
아륜

摩西、
마서

亞倫及其子孫、
아륜급기자손

永別爲聖、
영별위성

以別至聖之物、
이별지성지물

焚香於耶和華前、
분향어야화화전

而供役事、
이공역사

且奉其名爲人祝嘏、
차봉기명위인축하

歷世靡曁、
력세미기

대상23:14

祆上帝僕摩西之裔、
천상제복마서지예

其名錄於利未支派
기명록어리미지파

中、
중

대상23:15

摩西子、
마 서 자

革舜、
혁 순

以利以謝、
이 리 이 사

대상23:16

革舜子、
혁 순 자

細布業爲長、
세 포 업 위 장

대상23:17

以利以謝子、
이 리 이 사 자

利哈比雅爲長、
리 합 비 아 위 장

以利以謝無他子、
이 리 이 사 무 타 자

惟利哈比雅子甚多、
유 리 합 비 아 자 심 다

대상23:18

以斯哈子、
이 사 합 자

示羅密爲長、
시 라 밀 위 장

대상23:19

希伯倫子、
히 백 륜 자

耶利雅爲長、
야 리 아 위 장

次亞瑪利雅、
차 아 마 리 아

三雅哈悉、
삼 아 합 실

四耶加面、
사 야 가 면

대상23:20

烏薛子、
오 설 자

米迦爲長、
미 가 위 장

次耶西雅、
차 야 서 아

대상23:21

米拉利子、
미 랍 리 자

抹利、
말 리

母示、
모 시

抹利子、
말 리 자

以利亞撒、
이 리 아 살

基士、
기 사

대상23:22

以利亞撒卒、
이 리 아 살 졸

無子有女、
무 자 유 녀

同宗基士子娶之、
동 종 기 사 자 취 지

대상23:23

母示子、
모 시 자

末力、
말 력

以得、
이 득

耶利摩三人、
야 리 마 삼 인

대상 23:24

此乃利未子孫、
차 내 리 미 자 손

循其宗族、
순 기 종 족

凡爲族長、
범 위 족 장

按名見核、
안 명 견 핵

自二十歲以上、
자 이 십 세 이 상

供耶和華室之役事、
공 야 화 화 실 지 역 사

대상 23:25

大衛曰、
대 위 왈

以色列之祆上帝耶和
이 색 열 지 천 상 제 야 화

華賜民綏安、
화 사 민 수 안

且永居於耶路撒冷、
차 영 거 어 야 로 살 랭

대상 23:26

利未人無庸復舁會
리 미 인 무 용 복 여 회

幕、
막

及供事之器皿、
급 공 사 지 기 명

대상 23:27

循大衛臨終所命、
순 대 위 림 종 소 명

利未人自二十歲以上
리 미 인 자 이 십 세 이 상

者核之、
자 핵 지

대상 23:28

其職乃侍亞倫子孫、
기 직 내 시 아 륜 자 손

供耶和華室之役事、
공 야 화 화 실 지 역 사

在院宇及房屋、
재 원 우 급 방 옥

潔諸聖物、
결 제 성 물

服役於秖上帝室、
복 역 어 천 상 제 실

대상 23:29

掌陳設之餅、
장 진 설 지 병

素祭之細麪、
소제지세면

無酵之薄餅、
무효지박병

盤炙油浸之物、
반자유침지물

及諸度量、
급제도량

대상23:30

朝夕立而稱謝頌讚耶
조석립이칭사송찬야

和華、
화화

대상23:31

安息日、
안식일

月朔、
월삭

節期、
절기

循其常例定數、
순기상례정수

恆獻燔祭於耶和華、
긍헌번제어야화화

대상23:32

又守會幕及聖所、
우 수 회 막 급 성 소

並偕其昆弟亞倫子
병 해 기 곤 제 아 륜 자

孫、
손

供耶和華室之役事、
공 야 화 화 실 지 역 사

曆代誌上 第二十四
역 대 지 상 제 이 십 사

章
장

대상24:1

亞倫子孫班次如左、
아 륜 자 손 반 차 여 좌

亞倫子拿答、
아 륜 자 나 답

亞比戶、
아 비 호

以利亞撒、
이 리 아 살

以他瑪、
이 타 마

대상24:2

拿答亞比戶先其父而
나 답 아 비 호 선 기 부 이

死、
사

無子、
우 자

故以利亞撒以他瑪供
고 이 리 아 살 이 타 마 공

祭司職、
제 사 직

대상24:3

大衛與以利亞撒之裔
대 위 여 이 리 아 살 지 예

撒督、
살 독

及以他瑪之裔亞希米
급 이 타 마 지 예 아 희 미

勒、
륵

循其秩序、
순 기 질 서

分其班次、
분 기 반 차

대상24:4

以利亞撒子孫爲長
이 리 아 살 자 손 위 장

者、
자

較以他瑪子孫尤多、
교 이 타 마 자 손 우 다

分之如左、
분 지 여 좌

以利亞撒子孫族長十
이 리 아 살 자 손 족 장 십

六、
육

以他瑪子孫室家凡
이 타 마 자 손 실 가 범

八、
팔

대상24:5

皆掣籤而分之、
개 체 첨 이 분 지

無有差等、
무 유 차 등

或在聖所爲長、
혹 재 성 소 위 장

或在祆上帝前爲長、
혹 재 천 상 제 전 위 장

兼有以利亞撒以他瑪
겸 유 이 리 아 살 이 타 마

之子孫、
지 자 손

대상24:6
利未人、
리 미 인
拿坦業子繕寫示瑪
나 탄 업 자 선 사 시 마
雅、
아
在王與牧伯、
재 왕 여 목 백
及祭司撒督、
급 제 사 살 독
亞比亞他子亞希米
아 비 아 타 자 아 히 미
勒、
륵
暨祭司利未人之族長
기 제 사 리 미 인 지 족 장
前、
전
記錄其名、
기 록 기 명
爲以利亞撒子孫取一
위 이 리 아 살 자 손 취 일

族、
족

爲以他瑪子孫取一
위 이 타 마 자 손 취 일

族、
족

대상24:7

掣籤而得者、
체 첨 이 득 자

首耶何雅立、
수 야 하 아 립

次耶大雅、
차 야 대 아

대상24:8

三哈琳、
삼 합 림

四梭琳、
사 사 림

대상24:9

五瑪基雅、
오 마 기 아

六米雅民、
육 미 아 민

대상24:10

七哈歌斯、
칠 합 가 사

八亞比雅、
팔 아 비 아

대상24:11

九耶書亞、
구 야 서 아

十示迦尼、
십 시 가 니

대상24:12

十一以利雅實、
십 일 이 리 아 실

十二雅金、
십 이 아 금

대상24:13

十 삼하 巴、
십 파

十四耶是比押、
십 사 야 시 비 압

대상24:14

十五璧迦、
십 오 벽 가

十六音麥、
십 육 음 맥

대상24:15

十七希悉、
십 칠 희 실

十八哈辟悉、
십 팔 합 벽 실

대상24:16

十九毘他希雅、
십 구 비 타 희 아

二十以西結、
이 십 이 서 결

대상24:17

二十一雅斤、
이 십 일 아 근

二十二迦末、
이 십 이 가 말

대상24:18

二十三第萊雅、
이 십 삼 제 래 아

二十四瑪西亞、
이 십 사 마 서 아

대상24:19

如是定其班次、
여 시 정 기 반 차

入耶和華室、
입 야 화 화 실

循其祖亞倫之定例、
순 기 조 아 륜 지 정 례

遵以色列之祆上帝耶
준 이 색 열 지 천 상 제 야

和華所命、○
화 화 소 명

대상24:20

其餘利未之裔、
기 여 리 미 지 예

暗蘭子書巴業、
암 란 지 서 파 업

書巴業子耶希底亞、
서 파 업 자 야 희 저 아

대상24:21

利哈比雅裔、
리 합 비 아 예

伊示雅爲長、
이 시 아 위 장

대상24:22

以斯哈裔示羅摩、
이 사 합 예 시 라 마

示羅摩裔雅哈、
시 라 마 예 아 합

대상24:23

希伯倫裔、
희 백 륜 예

長子耶利雅、
장 자 야 리 아

次子亞瑪利雅、
차 자 아 마 리 아

三子雅哈悉、
삼 자 아 합 실

四子耶加面、
사 자 야 가 면

대상24:24

烏薛裔米迦、
오 설 예 미 가

米迦裔沙密、
미 가 예 사 밀

대상24:25

米迦弟伊示雅、
미 가 제 이 시 아

伊示雅裔撒迦利雅、
이 시 아 예 살 가 리 아

대상24:26

米拉利裔抹利、
미 랍 리 예 말 리

母示、
모 시

雅西雅裔比挪、
아 서 아 예 비 나

대상24:27

米拉利裔、
미 랍 리 예

雅西雅子比挪、
아 서 아 자 비 나

朔含、
삭 함

撒刻、
삭 각

伊比利、
이 비 리

대상24:28

抹利子以利亞撒、
말 리 자 이 리 아 살

以利亞撒無子、
이 리 아 살 무 자

대상24:29

基士裔耶拉篾、
기 사 예 야 랍 멸

대상24:30

母示子末力、
모 시 자 말 력

以得、
이 득

耶利摩、
야 리 마

此皆利未人之裔、
차 개 리 미 인 지 예

循其室家、
순 기 실 가

대상24:31

亦如其昆弟亞倫裔、
역 여 기 곤 제 아 륜 예

掣籤於大衛王、
체 첨 어 대 위 왕

及撒督亞希米勒、
급 살 독 아 희 미 륵

與祭司利未人之族長
여 제 사 리 미 인 지 족 장

前、
전

室家之長、
실 가 지 장

與其弟無異也、
여 기 제 무 이 야

曆代誌上 第二十五
역 대 지 상 제 이 십 오

章
장

대상25:1

大衛與諸軍長、
대 위 여 제 군 장

簡立亞薩希幔耶杜頓
간 립 아 살 희 만 야 두 돈

子孫、
자 손

俾供役事、
비 공 역 사

以琴瑟與鈸謳歌、
이 금 슬 여 발 구 가

供役事者、
공 역 사 자

其數如左、
기 수 여 좌

대상25:2

亞薩子撒刻、
아 살 자 살 각

約瑟、
약 슬

尼探雅、
니 탐 아

亞薩利拉、
아 살 리 랍

俱爲亞薩所轄、
구 위 아 살 소 할

遵王命而謳歌、
준 왕 명 이 구 가

대상25:3

耶杜頓子基大利、
야 두 돈 자 기 대 리

西利、
서 리

耶篩亞、
야 사 아

哈沙比雅、
합 사 비 아

瑪他提雅、
마 타 제 아

示每六人、
시 매 육 인

俱爲其父耶杜頓所
구 위 기 부 야 두 돈 소

轄、
할

以琴謳歌、
이 금 구 가

稱謝頌讚耶和華、
칭 사 송 찬 야 화 화

대상25:4

希幔子布基雅、
희 만 자 포 기 아

瑪探雅、
마 탐 아

烏薛、
오 설

細布業、
세 포 업

耶利摩、
야 리 마

哈拿尼雅、
합 나 니 아

哈拿尼、
합 나 니

以利亞他、
이 리 아 타

基大利提、
기 대 리 제

羅幔提以謝、
라 만 제 이 사

約施比加沙、
약 시 비 가 사

瑪羅提、
마 라 제

何提、
하 제

瑪哈秀、
마 합 수

대 상 25:5

此皆希幔之子、
차 개 희 만 지 자

任吹角之職、
임 취 각 지 직

希幔奉祆上帝命、
희 만 봉 천 상 제 명

爲王之先見、
위 왕 지 선 견

祆上帝賜之子十四、
천 상 제 사 지 자 십 사

女三、
녀 삼

대 상 25:6

俱爲其父所轄、
구 위 기 부 소 할

以鈸與琴瑟、
이 발 여 금 슬

謳歌於耶和華室、
구 가 어 야 화 화 실

供祆上帝室之役事、
공 천 상 제 실 지 역 사

亞薩、
아 살

耶杜頓、
야 두 둔

希幔、
히 만

乃王命是聽、
내 왕 명 시 청

대상 25:7

以上所載、
이 상 소 재

與其昆弟、
여 기 곤 제

學習頌讚耶和華、
학 습 송 찬 야 화 화

善於謳歌者、
선 어 구 가 자

共二百八十八人、
공 이 백 팔 십 팔 인

대상 25:8

無論尊卑師弟、
무 론 존 비 사 제

俱一例掣籤、
구 일 례 제 첨

而得其班次、
이 득 기 반 차

대상25:9

掣籤而得者、
체 첨 이 득 자

首亞薩子約瑟、
수 아 살 자 약 슬

次基大利、
차 기 대 리

與其昆弟及子十二
여 기 곤 제 급 자 십 이

人、
인

대상25:10

三撒刻、
삼 살 각

與其子及昆弟十二
여 기 자 급 곤 제 십 이

人、
인

대상25:11

四伊洗利、
사 이 세 리

與其子及昆弟十二
여 기 자 급 곤 제 십 이

人、
인

대상25:12
五尼探雅、
오니탐아
與其子及昆弟十二
여기자급곤제십이
人、
인

대상25:13
六布基雅、
육포기아
與其子及昆弟十二
여기자급곤제십이
人、
인

대상25:14
七耶薩利拉、
칠야살리랍
與其子及昆弟十二
여기자급곤제십이
人、
인

대상25:15
八耶篩亞、
팔야사아
與其子及昆弟十二
여기자급곤제십이

人、
인

대상25:16
九瑪探雅、
구 마 탐 아
與其子及昆弟十二
여 기 자 급 곤 제 십 이
人、
인

대상25:17
十示每、
십 시 매
與其子及昆弟十二
여 기 자 급 곤 제 십 이
人、
인

대상25:18
十一亞薩烈、
십 일 아 살 렬
與其子及昆弟十二
여 기 자 급 곤 제 십 이
人、
인

대상25:19

十二哈沙比雅、
십 이 함 사 비 아
與其子及昆弟十二
여 기 자 급 곤 제 십 이
人、
인

대상25:20

十三書巴業、
십 삼 서 파 업
與其子及昆弟十二
여 기 자 급 곤 제 십 이
人、
인

대상25:21

十四瑪他提雅、
십 사 마 타 제 아
與其子及昆弟十二
여 기 자 급 곤 제 십 이
人、
인

대상25:22

十五耶利摩、
십 오 야 리 마
與其子及昆弟十二
여 기 자 급 곤 제 십 이

人、
인

대 상 25:23

十 六 哈 拿 尼 雅、
십 육 합 나 니 아

與 其 子 及 昆 弟 十 二
여 기 자 급 곤 제 십 이

人、
인

대 상 25:24

十 七 約 施 比 加 沙、
십 칠 약 시 비 가 사

與 其 子 及 昆 弟 十 二
여 기 자 급 곤 제 십 이

人、
인

대 상 25:25

十 八 哈 拿 尼、
십 팔 합 나 니

與 其 子 及 昆 弟 十 二
여 기 자 급 곤 제 십 이

人、
인

대 상 25:26

十九瑪羅提、
십 구 마 라 제

與其子及昆弟十二
여 기 자 급 곤 제 십 이

人、
인

대상 25:27

二十以利亞他、
이 십 이 리 아 타

與其子及昆弟十二
여 기 자 급 곤 제 십 이

人、
인

대상 25:28

二十一何提、
이 십 일 하 제

與其子及昆弟十二
여 기 자 급 곤 제 십 이

人、
인

대상 25:29

二十二基大利提、
이 십 이 기 대 리 제

與其子及昆弟十二
여 기 자 급 곤 제 십 이

人、
인

대상25:30
二十三瑪哈秀、
이 십 삼 마 합 수
與其子及昆弟十二
여 기 자 급 곤 제 십 이
人、
인

대상25:31
二十四羅幔提以謝、
이 십 사 라 만 제 이 사
與其子及昆弟十二
여 기 자 급 곤 제 십 이
人、
인

曆代誌上 第二十六章
역 대 지 상 제 이 십 륙 장

대상26:1
司閽之班次、
사 혼 지 반 차
可拉族、
가 랍 족

亞薩裔、
아 살 예

可利子米施利米雅、
가 리 자 미 시 리 미 아

대상26:2

米施利米雅子、
미 시 리 미 아 자

長撒迦利雅、
장 살 가 리 아

次耶疊、
차 야 킬

三西巴第雅、
삼 서 파 제 아

四耶提聶、
사 야 제 섭

대상26:3

五以攔、
오 이 란

六約哈難、
육 약 합 난

七以利約乃、
칠 이 리 약 내

대상26:4

俄別以東子、
아 별 이 동 자

長示瑪雅、
장 시 마 아

次約薩拔、
차 약 살 발

三約亞、
삼 약 아

四沙甲、
사 사 갑

五拿坦業、
오 나 탄 업

대상 26:5

六亞米利、
육 아 미 리

七以薩迦、
칠 이 살 가

八毘烏利太、
팔 비 오 리 태

蓋祆上帝錫之以嘏、
개 천 상 제 석 지 이 하

대상 26:6

其子示瑪雅亦生子、
기 자 시 마 아 역 생 자

俱爲英武之士、
구 위 영 무 지 사

治其父家、
치 기 부 가

대상26:7

示瑪雅子、
시 마 아 자

俄得尼、
아 득 니

利法益、
리 법 익

俄備得、
아 비 득

以利薩巴、
이 리 산 피

其昆弟乃勇士、
기 곤 제 내 용 사

又有以利戶、
우 유 이 리 호

西瑪迦、
서 마 가

대상26:8

此皆俄別以東子孫、
차 개 아 별 이 동 자 손

斯衆與其子及昆弟、
사 중 여 기 자 급 곤 제

俱爲勇士、
구 위 용 사

有力能供役事、
유 력 능 공 역 사

共六十二人、
공 육 십 이 인

대상26:9

米施利米雅有子及昆
미 시 리 미 아 유 자 급 곤

弟、
제

俱爲勇士、
구 위 용 사

共十八人、
공 십 팔 인

대상26:10

米拉利裔何薩亦有
미 랍 리 예 하 살 역 유

子、
자

申利爲長、
신 리 위 장

彼非長子、
피 비 장 자

其父立之爲長、
기 부 립 지 위 장

대상26:11

次希勒家、
차 희 륵 가

三底巴利雅、
삼 저 파 리 아

四撒迦利雅、
사 살 가 리 아

何薩子與昆弟、
하 살 자 여 곤 제

共十三人、
공 십 삼 인

대상26:12

以上所載、
이 상 소 재

皆司閽之班長、
개 사 혼 지 반 장

依其班次、
의 기 반 차

供役於耶和華室、
공 역 어 야 화 화 실

如其昆弟、
여 기 곤 제

대상26:13

無論尊卑、
무 론 존 비

俱按室家、
구 안 실 가

掣籤守門、
체 첨 수 문

대상26:14

示利米雅 掣籤得東門、
시리미아 체첨득동문

其子勒迦利雅、
기자륵가리아

乃聰敏之議士、
내총민지의사

掣籤得北門、
체첨득북문

대상26:15

俄別以東得南門、
아별이동득남문

其子司府庫、
기자사부고

대상26:16

何薩守西垣、
하살수서원

近沙利基門、
근사리기문

門達通衢、
문달통구

班列相對、
반열상대

대상26:17

在東有六利未人、
재 동 유 육 리 미 인

北四人、
북 사 인

南四人、
남 사 인

府庫各二人、
부 고 각 이 인

日以爲常、
일 이 위 상

대상26:18

廊廡之西、
랑 무 지 서

守通衢者四人、
수 통 구 자 사 인

守廊廡者二人、
수 랑 무 자 이 인

대상26:19

此司閽之班次、
차 사 혼 지 반 차

乃可拉及米拉利之
내 가 랍 급 미 랍 리 지

裔、○
예

대상 26:20

利未人亞希雅、
리 미 인 아 히 아

掌祆上帝室之府庫、
장 천 상 제 실 지 부 고

及聖物之府庫、
급 성 물 지 부 고

대상 26:21

革順族、
혁 순 족

拉但裔、
랍 단 예

族長耶希伊利、
족 장 야 히 이 리

대상 26:22

耶希伊利子西坦、
야 히 이 리 자 서 탄

及其弟約珥、
급 기 제 약 이

掌耶和華室之府庫、
장 야 화 화 실 지 부 고

대상 26:23

暗蘭、
암 란

以斯哈、
이 사 할

希伯倫、
희 백 륜

烏泄四族、
오 설 사 족

亦有職守、
역 유 직 수

대상26:24

摩西子革舜之裔細布
마 서 자 혁 순 지 예 세 포

業、
업

司諸府庫、
사 제 부 고

대상26:25

亦有其昆弟以利以謝
역 유 기 곤 제 이 리 이 사

之裔、
지 예

以利以謝子利哈比
이 리 이 사 자 리 합 비

雅、
아

利哈比雅子耶篩亞、
리 합 비 아 자 야 사 아

耶篩亞子約蘭、
야 사 아 자 약 란

約蘭子細基利、
약 란 자 세 기 리

細基利子示羅密、
세 기 리 자 시 라 밀

대상 26:26

示羅密及其昆弟、
시 라 밀 급 기 곤 제

掌府庫中之聖物、
장 부 고 중 지 성 물

卽大衛王與諸族長、
즉 대 위 왕 여 제 족 장

千夫長、
천 부 장

百夫長、
백 부 장

並軍長所獻者、
병 군 장 소 헌 자

대상 26:27

彼以戰時所獲之物、
피 이 전 시 소 획 지 물

區別爲聖、
구 별 위 성

以修耶和華室、
이 수 야 화 화 실

대상 26:28

先見撒母耳、
선 견 살 모 이

基士子掃羅、
기 사 자 소 라

尼珥子押尼珥、
니 이 자 압 니 이

洗魯雅子約押、
세 로 아 자 약 압

凡其所獻之聖物、
범 기 소 헌 지 성 물

俱爲示羅密及其昆弟
구 위 시 라 밀 급 기 곤 제

所掌、
소 장

대상 26:29

以斯哈族基拿尼雅及
이 사 합 족 기 나 니 아 급

其子、
기 자

爲有司士師、
위 유 사 사 사

理以色列外事、
리 이 색 열 외 사

대상 26:30

希伯倫族哈沙比雅、
희 백 륜 족 합 사 비 아

及其昆弟千七百人、
금 기 곤 제 천 칠 백 인

俱爲勇士、
구 위 용 사

督理約但西之以色列
독 리 약 단 서 지 이 색 열

人、
인

供耶和華之事、
공 야 화 화 지 사

與王之役、
여 왕 지 역

대상26:31

希伯倫族耶利雅、
희 백 륜 족 야 리 아

循其世系爲族長、
순 기 세 계 위 족 장

當大衛在位之四十
당 대 위 재 위 지 사 십

年、
년

在基列之雅謝、
재 기 열 지 아 사

求獲勇士於其族中、
구 획 용 사 어 기 족 중

대상26:32

耶利雅之昆弟二千七百人、
야리아지곤제이천칠백인

俱爲勇士、
구위용사

亦爲族長、
역위족장

大衛立之督理流便人、
대위립지독리르편인

迦得人、
가득인

及瑪拿西支派之半、
급마나서지파지반

供袄上帝之事、
공천상제지사

與王之役、
여왕지역

曆代誌上 第二十七章
역대지상 제이십칠장

대 상 27:1

以 色 列 諸 族 長、
이 색 열 제 족 장

千 夫 長、
천 부 장

百 夫 長、
백 부 장

以 及 有 司、
이 급 유 사

按 其 人 數、
안 기 인 수

分 班 事 王、
분 반 사 왕

班 各 二 萬 四 千 人、
반 각 이 만 사 천 인

在 周 歲 之 中、
재 주 세 지 중

每 月 迭 爲 出 入、
매 월 질 위 출 입

대 상 27:2

正 月 首 班、
정 월 수 반

撒 巴 第 業 子 雅 朔 班 爲
살 파 제 업 자 아 삭 반 위

班 長、
반 장

其班二萬四千人、
기 반 이 만 사 천 인

대상27:3

彼乃法勒斯裔、
피 내 법 륵 사 예

爲正月班諸軍長之
위 정 월 반 제 군 장 지

首、
수

대상27:4

二月之班長、
이 월 지 반 장

亞哈希人朶代、
아 합 희 인 타 대

又有軍長密基羅副
우 유 군 장 밀 기 라 부

之、
지

其班二萬四千人、
기 반 이 만 사 천 인

대상27:5

三月三班之長、
삼 월 삼 반 지 장

祭司耶何耶大子比拿
제 사 야 하 야 대 자 비 나

雅、
아

其班二萬四千人、
기 반 이 만 사 천 인

대상27:6

比拿雅在三十勇士中
비 나 아 재 삼 십 용 사 중

爲最、
위 최

而統轄之、
이 통 할 지

其子暗米薩拔、
기 자 암 미 살 발

亦在厥班、
역 재 궐 반

대상27:7

四月四班之長、
사 월 사 반 지 장

約押弟亞撒黑、
약 압 제 아 살 흑

其子西巴第雅繼之、
기 자 서 파 제 아 계 지

其班二萬四千人、
기 반 이 만 사 천 인

대상27:8

五月五班之長、
오 월 오 반 지 장

伊斯拉人珊合、
이 사 랍 인 산 합

其班二萬四千人、
기 반 이 만 사 천 인

대상27:9

六月六班之長、
육 월 육 반 지 장

提哥亞人、
제 가 아 인

益吉子以拉、
익 길 자 이 랍

其班二萬四千人、
기 반 이 만 사 천 인

대상27:10

七月七班之長、
칠 월 칠 반 지 장

以法蓮族、
이 법 련 족

比倫人希利斯、
비 륜 인 희 리 사

其班二萬四千人、
기 반 이 만 사 천 인

대상27:11

八月八班之長、
팔월팔반지장

謝拉族、
사랍족

戶沙人西比該、
호사인서비해

其班二萬四千人、
기반이만사천인

대상27:12

九月九班之長、
구월구반지장

便雅憫族、
편아민족

亞拿突人亞比以謝、
아나돌인아비이사

其班二萬四千人、
기반이만사천인

대상27:13

十月十班之長、
십월십반지장

謝拉族、
사랍족

尼陀法人瑪哈萊、
니타법인마합래

其班二萬四千人、
기반이만사천인

대상27:14

十一月十一班之長、
십 일 월 십 일 반 지 장

以法蓮族、
이 법 련 족

比拉頓人比拿雅、
비 랍 돈 인 비 나 아

其班二萬四千人、
기 반 이 만 사 천 인

대상27:15

十二月十二班之長、
십 이 월 십 이 반 지 장

俄陀聶族、
아 타 섭 족

尼陀法人黑玳、
니 타 법 인 흑 대

其班二萬四千人、○
기 반 이 만 사 천 인

대상27:16

統轄以色列支派者如
통 할 이 색 열 지 파 자 여

左、
좌

轄流便人者、
할 류 편 인 자

細基利子以利以謝、
세 기 리 자 이 리 이 사

轄西緬人者、
할 서 면 인 자

瑪迦子示法提雅、
마 가 자 시 법 제 아

대상27:17

轄利未人者、
할 리 미 인 자

基母利子哈沙比雅、
기 모 리 자 합 사 비 아

轄亞倫子孫者撒督、
할 아 륜 자 손 자 살 독

대상27:18

轄猶大人者、
할 유 대 인 자

大衛兄以利戶、
대 위 형 이 리 호

轄以薩迦人者、
할 이 살 가 인 자

米迦勒子暗利、
미 가 륵 자 암 리

대상27:19

轄西布倫人者、
할 서 포 륜 인 자

俄巴第雅子伊施瑪
아 파 제 아 자 이 시 마

雅、
아

轄拿弗他利人者、
할 나 불 타 리 인 자

亞斯列子耶利摩、
아 사 열 자 야 리 마

대상27:20

轄以法蓮人者、
할 이 법 련 인 자

阿撒細雅子何細亞、
아 살 세 아 자 하 세 아

轄瑪拿西半支派者、
할 마 나 서 반 지 파 자

毘大雅子約珥、
비 대 아 자 약 이

대상27:21

轄居基列之瑪拿西半
할 거 기 열 지 마 나 서 반

支派者、
지 파 자

撒迦利雅子易多、
살 가 리 아 자 역 다

轄便雅憫人者、
할 편 아 민 인 자

押尼珥子雅西業、
압 니 이 자 아 서 업

대상 27:22

轄但人者、
할 단 인 자

耶羅罕子亞薩列、
야 라 한 자 아 살 열

以上所載、
이 상 소 재

皆以色列諸支派之
개 이 색 열 제 지 파 지

長、
장

대상 27:23

以色列人二十歲以下
이 색 열 인 이 십 세 이 하

者、
자

大衛未核其數、
대 위 미 핵 기 수

蓋耶和華曾云、
개 야 화 화 증 운

必增以色列人、
필 증 이 색 열 인

如天星之多、
여 천 성 지 다

대상27:24

洗魯雅子約押始核之
세 로 아 자 약 압 시 핵 지

而未竟、
이 미 경

且因此事震怒臨及以
차 인 차 사 진 노 림 급 이

色列、
색 열

其數不載入大衛王
기 수 불 재 입 내 위 왕

紀、○
기

대상27:25

亞畾子押斯馬威掌王
아 루 자 압 사 마 위 장 왕

府庫、
부 고

烏西雅子約拿單掌郊
오 서 아 자 약 나 단 장 교

邑村堡之倉、
읍 촌 보 지 창

대상27:26

基綠子以斯利轄耕田
기 록 자 이 사 리 할 경 전

之農人、
지 농 인

대상 27:27
拉瑪人示每掌葡萄
랍 마 인 시 매 장 포 도
園、
원
實弗米人撒巴底掌葡
실 불 미 인 살 파 저 장 포
萄園之酒窖、
도 원 지 주 교

대상 27:28
基第利人巴勒哈南掌
기 제 리 인 파 륵 합 남 장
平原之橄欖桑樹、
평 원 지 감 람 상 수
約阿施掌油窖、
약 아 시 장 유 교

대상 27:29
沙崙人施提賚掌牧於
사 륜 인 시 제 뢰 장 목 어
沙崙之牛羣、
사 륜 지 우 군
亞第賚子沙法掌牧於
아 제 뢰 자 사 법 장 목 어

谷中之牛羣、
곡 중 지 우 군

대상27:30

以實瑪利人阿比勒掌
이 실 마 리 인 아 비 륵 장

駝羣、
타 군

米侖人耶希底亞掌驢
미 륜 인 야 희 저 아 장 려

羣、
군

夏甲人雅悉掌羊羣、
하 갑 인 아 실 장 양 군

대상27:31

以上所載、
이 상 소 재

皆掌大衛王之所有、
개 장 대 위 왕 지 소 유

○

대상27:32

大衛叔約拿單有聰
대 위 숙 약 나 단 유 총

慧、
혜

爲謀士、
위 모 사

兼繕寫、
겸 선 사

哈摩尼子耶歇伴王諸
합 마 니 자 야 헐 반 왕 제

子、
자

대상27:33

亞希多弗爲王謀士、
아 히 다 불 위 왕 모 사

亞基人戶篩爲王之
아 기 인 호 사 위 왕 지

友、
우

대상27:34

亞希多弗沒後、
아 히 다 불 몰 후

比拿雅子耶何耶大、
비 나 아 자 야 하 야 대

及亞比亞他繼其職、
급 아 비 아 타 계 기 직

約押爲王之軍長、
약 압 위 왕 지 군 장

曆代誌上 第二十八章
역대지상 제이십팔장

대상 28:1

大衛集以色列諸牧
대위집이색열제목

伯、
백

支派長、
지파장

更迭事王之班長、
경질사왕지반장

千夫長、
천부장

百夫長、
백부장

掌王與王子之產業牲
장왕여왕자지산업생

畜者、
축자

以及宦官戰士、
이급환관전사

所有勇士、
소유용사

俱至耶路撒冷、
구 지 야 로 살 랭

대상28:2

大衛王立而言曰、
대 위 왕 립 이 언 왈

我昆弟、
아 곤 제

我民歟、
아 민 여

其聽我言、
기 청 아 언

我有意建室、
아 유 의 건 실

安置耶和華之約匱、
안 치 야 화 화 지 약 궤

而爲我祆上帝之足
이 위 아 천 상 제 지 족

几、
궤

已備具以待建造、
이 비 구 이 대 건 조

대상28:3

惟祆上帝諭我曰、
유 천 상 제 유 아 왈

爾乃戰士、
이 내 전 사

流人之血、
류 인 지 혈

不可爲我名建室、
불 가 위 아 명 건 실

대상28:4

然以色列之祆上帝耶
연 이 색 열 지 천 상 제 야

和華、
화 화

於我父家簡我、
어 아 부 가 간 아

永爲以色列王、
영 위 이 색 열 왕

因其簡猶大族爲首、
인 기 간 유 대 족 위 수

在猶大室中簡我父
재 유 대 실 중 간 아 부

家、
가

在我父衆子中悅我、
재 아 부 중 자 중 열 아

立爲以色列全族之
립 위 이 색 열 전 족 지

王、
왕

대상 28:5

耶和華賜我多子、
야 화 화 사 아 다 자

在我子中簡我子所羅
재 아 자 중 간 아 자 소 라

門、
문

居耶和華國之位、
거 야 화 화 국 지 위

以治以色列人、
이 치 이 색 열 인

대상 28:6

且諭我曰、
차 유 아 왈

爾子所羅門將建我室
이 자 소 라 문 장 건 아 실

及院、
급 원

蓋我簡之爲我子、
개 아 간 지 위 아 자

我將爲其父、
아 장 위 기 부

대상 28:7

彼若恆遵我誡命律
피 약 긍 준 아 계 명 률

例、
례

有如今日、
유 여 금 일

我必堅定其國、
아 필 견 정 기 국

歷世弗替、
력 세 불 체

대상 28:8

今在耶和華會、
금 재 야 화 와 회

以色列衆前、
이 색 열 중 전

我祆上帝亦聞之、
아 천 상 제 역 문 지

爾其尋求爾祆上帝耶
이 기 심 구 이 천 상 제 야

和華之誡命、
화 화 지 계 명

而遵守之、
이 준 수 지

致爾據此美地、
치 이 거 차 미 지

遺之子孫、
유 지 자 손

以爲永業、
이위영업

대상 28:9

我子所羅門歟、
아자소라문여

當識爾父之祆上帝、
당식이부지천상제

盡心樂意以事之、
진심악의이사지

蓋耶和華鑒察衆心、
개야화화감찰중심

洞悉意想、
동실의상

爾若尋之、
이약심지

則必遇之、
칙필우지

爾若棄之、
이약기지

彼必永久棄爾、
피필영구기이

대상 28:10

爾其愼旃、
이기신전

因耶和華簡爾建室、
인야화화간이건실

以爲聖所、
이 위 성 소

强乃志而爲之、 ○
강 내 지 이 위 지

대상28:11

大衛以廊廡、
대 위 이 랑 무

房屋、
방 옥

府庫、
부 고

樓閣、
루 각

內室、
내 실

及施恩座之式、
급 시 은 좌 지 식

付其子所羅門、
부 기 자 소 라 문

대상28:12

且以感神而得之式予
차 이 감 신 이 득 지 식 여

之、
지

卽耶和華室之院、
즉 야 화 화 실 지 원

四周之室祆上帝室之
사 주 지 실 천 상 제 실 지

府庫、
부 고

及聖物府庫之式、
급 성 물 부 고 지 식

대상28:13

又以祭司利未人之班
우 이 제 사 리 미 인 지 반

次、
차

及耶和華室之役事、
급 야 화 화 실 지 역 사

並耶和華室中之工、
병 야 화 화 실 중 지 공

諸器之式示之、
제 기 지 식 시 지

대상28:14

以及供事金器之輕
이 급 공 사 금 기 지 경

重、
중

供事銀器之輕重、
공 사 은 기 지 경 중

各適其宜、
각 적 기 의

대상28:15

金燈臺與盞之輕重、
금 등 대 여 잔 지 경 중

銀燈臺與盞之輕重、
은 등 대 여 잔 지 경 중

各適其宜、
각 적 기 의

대상28:16

陳餠金幾之輕重、
진 병 금 기 지 경 중

銀幾之輕重、
은 기 지 경 중

各適其宜、
각 적 기 의

대상28:17

精金鍤盂壺之輕重、
정 금 삽 우 호 지 경 중

金碗之輕重、
금 완 지 경 중

銀碗之輕重、
은 완 지 경 중

各適其宜、
각 적 기 의

대상28:18

精金香壇之輕重、
정 금 향 단 지 경 중

以金製輿、
이 금 제 여

卽基路伯之式、
즉 기 로 백 지 식

基路伯展翮、
기 로 백 전 핵

以覆耶和華約匱、
이 복 야 화 화 약 궤

대 상 28:19

大衛曰、
대 위 왈

此諸式、
차 제 식

乃由耶和華手所圖、
내 유 야 화 화 수 소 도

而得識之、
이 득 식 지

대 상 28:20

又諭其子所羅門曰、
우 유 기 자 소 라 문 왈

强乃心、
강 내 심

壯乃志、
장 내 지

以行是事、
이 행 시 사

勿畏葸、
물 외 사

勿恐惶、
물 공 황

因我祆上帝
인 아 천 상 제

耶和華偕爾、
야 화 화 해 이

必不離爾、
필 불 리 이

不棄爾、
불 기 이

迨耶和華室
태 야 화 화 실

供事之製作、
공 사 지 제 작

告厥成功、
고 궐 성 공

대상28:21

祭司利未人
제 사 리 미 인

循其班次、
순 기 반 차

供祆上帝
공 천 상 제

室之役事、
실 지 역 사

且有巧匠
차 유 교 장

樂助爾工、
악 조 이 공

軍長民衆、
군 장 민 중

咸從爾命、
함 종 이 명

曆代誌上 第二十九章
역 대 지 상 제 이 십 구 장

대 상 29:1

大衛王謂會衆曰、
대 위 왕 위 회 중 왈

我子所羅門、
아 자 소 라 문

乃耶和華所簡、
내 야 화 화 소 간

今尙衝弱、
금 상 충 약

而工程浩大、
이 공 정 호 대

蓋此殿宇
개 차 전 우

非爲人也、
비 위 인 야

乃爲耶和華
내 위 야 화 화

祆上帝也、
천 상 제 야

대상 29:2

我旣竭力爲
아 기 갈 력 위

我祆上帝室、
아 천 상 제 실

預備金銀
예 비 금 은

銅鐵材木、
동 철 재 목

俱適其用、
구 적 기 용

且有瑪瑙、
차 유 마 노

嵌石、
감 석

花石、
화 석

及諸寶石、
급 제 보 석

與白石甚多、
여 백 석 심 다

대상29:3

因我慕我
인 아 모 아

祆上帝室、
천 상 제 실

故於所備
고 어 소 비

建聖室外、
건 성 실 외

以己所儲之金銀、
이 기 소 저 지 금 은

獻於我祆上帝室、
헌 어 아 천 상 제 실

대상29:4

即俄斐之金
즉 아 비 지 금

三千他連得、
삼 천 타 련 득

煆煉之銀七
하 련 지 은 칠

千他連得、
천 타 련 득

以蓋諸室之壁、
이 개 제 실 지 벽

대상29:5

以之製造
이 지 제 조

金銀器皿、
금 은 기 명

及工匠一切選作、
급 공 장 일 절 선 작

今日孰樂獻己
금 일 숙 악 헌 기

於耶和華乎、
어 야 화 화 호

대상29:6

於是諸族長、
어 시 제 족 장

以色列支派
이 색 열 지 파

之牧伯、
지 목 백

千夫長、
천 부 장

百夫長、
백 부 장

及爲王督工者、
급 위 왕 독 공 자

皆樂輸焉、
개 악 수 언

대상29:7

爲建秡上帝
위 건 천 상 제

室之用、
실 지 용

共輸金五千
공 수 금 오 천

他連得、
타 련 득

金幣一萬、
금 폐 일 만

銀一萬他連得、
은 일 만 타 련 득

銅一萬八千
동 일 만 팔 천

他連得、
타 련 득

鐵十萬他連得、
철 십 만 타 련 득

대상29:8

凡有寶石、
범 유 보 석

則獻入耶和華
칙헌입야화화

室之府庫、
실지부고

革順裔耶歇掌之、
혁순예야헐장지

대상29:9

衆旣盡心樂輸於
중기진심악수어

耶和華、
야화화

民則歡悅、
민칙환열

大衛王亦欣喜
대위왕역흔희

弗勝、○
불승

대상29:10

大衛在會衆前、
대위재회중전

稱頌耶和華曰、
칭송야화화왈

我祖以色列之
아조이색열지

祆上帝耶和華歟、
천상제야화화여

爾宜稱頌、
이 의 칭 송

永世靡曁、
영 세 미 기

대상29:11

耶和華歟、
야 화 화 여

爾爲尊大、
이 위 존 대

具有權能榮耀、
구 유 권 능 영 요

勝捷威嚴、
승 첩 위 엄

凡在天在地者、
범 재 천 재 지 자

悉屬乎爾、
실 속 호 이

耶和華歟、
야 화 화 여

國爲爾有、
국 위 이 유

爾被高擧、
이 피 고 거

爲萬有之首、
위 만 유 지 수

대상29:12

富貴由爾而來、
부 귀 유 이 이 래

爾治萬有、
이 치 만 유

能力在於爾手、
능 력 재 어 이 수

爾手使人昌大、
이 수 사 인 창 대

賜衆以力、
사 중 이 력

대상29:13

我祆上帝歟、
아 천 상 제 여

我稱謝爾、
아 칭 사 이

頌爾榮名、
송 이 영 명

대상29:14

我何人斯、
아 하 인 사

我民爲誰、
아 민 위 수

乃能如此樂輸、
내 능 여 차 악 수

蓋萬物由爾而來、
개 만 물 유 이 이 래

我儕以屬爾者獻於爾
아 제 이 속 이 자 헌 어 이

也、
야

대상29:15

我儕在爾前、
아 제 재 이 전

爲遠人、
위 원 인

爲羈旅、
위 기 려

同於列祖、
동 어 열 조

在世之日如影、
재 세 지 일 여 영

無永存之希望、
무 영 존 지 희 망

대상29:16

我祇上帝耶和華歟、
아 천 상 제 야 화 화 여

我儕爲爾聖名建室、
아 제 위 이 성 명 건 실

所備多材、
소 비 다 재

俱出爾手、
구 출 이 수

皆爲爾有、
개 위 이 유

대상29:17

我祆上帝歟、
아 천 상 제 여

我知爾鑒察人心、
아 지 이 감 찰 인 심

喜悅端正、
희 열 단 정

凡此諸物、
범 차 제 물

我以正心樂輸、
아 이 정 심 악 수

我見爾民在此樂輸、
아 견 이 민 재 차 악 수

亦欣喜焉、
역 흔 희 언

대상29:18

我列祖亞伯拉罕、
아 열 조 아 백 랍 한

以撒、
이 살

以色列之祆上帝、
이 색 열 지 천 상 제

耶和華歟、
야 화 화 여

願使爾名
원 사 이 명

恆存此念、
긍 존 차 념

堅心於爾、
견 심 어 이

대상29:19

俾我子所羅門、
비 아 자 소 라 문

盡心守爾誡命、
진 심 수 이 계 명

法度典章、
법 도 전 장

成此諸事、
성 차 제 사

以我所備者
이 아 소 비 자

建造殿宇、○
건 조 전 우

대상29:20

大衛謂會衆曰、
대 위 위 회 중 왈

當頌讚爾之
당 송 찬 이 지

祆上帝耶和華、
천 상 제 야 화 화

會衆遂頌讚其列祖之
회 중 수 송 찬 기 열 조 지

祆上帝耶和華、
천 상 제 야 화 화

俯首而拜
부 수 이 배

耶和華與王、
야 화 화 여 왕

대상 29:21

翌日獻祭、
익 일 헌 제

奉燔祭於耶和華、
봉 번 제 어 야 화 화

牡犢一千、
모 독 일 천

牡羊一千、
모 양 일 천

羔羊一千、
고 양 일 천

與其灌祭、
여 기 관 제

又爲以色列
우 위 이 색 열

衆獻祭甚多、
중헌제심다

대상29:22

是日於耶和華前、
시일어야화화전

式飮式食、
식음식식

喜樂不勝、
희악불승

復立大衛子
복립대위자

所羅門爲王、
소라문위왕

膏之歸耶和華
고지귀야화화

爲君、
위군

亦膏撒督爲祭司、
역고살독위제사

대상29:23

於是所羅門居
어시소라문거

耶和華所賜之位、
야화화소사지위

繼父大衛爲王、
계부대위위왕

無不亨通、
무 불 형 통

以色列衆
이 색 열 중

咸聽從之、
함 청 종 지

대상29:24

諸牧伯勇士、
제 목 백 용 사

及大衛王衆子、
급 대 위 왕 중 자

皆服從所羅門王、
개 복 종 소 라 문 왕

대상29:25

耶和華使所羅門
야 화 화 사 소 라 문

於以色列衆前、
어 이 색 열 중 전

極爲尊大、
극 위 존 대

賜以威嚴、
사 이 위 엄

以色列之前王、
이 색 열 지 전 왕

咸不及之、○
함 불 급 지

終

板權誌

❀ 聖經筆寫 (第五券 ㊤)

❀ 초판 1 쇄 2017년 08 월 21 일

❀ 聖經筆寫協會 : 編纂委員

❀ 著 : 柳賢授

❀ 펴낸이 : 도서출판 保惠

❀ 출판 등록 제2014-000001 호 (2014.01.03.)

❀ 주소 : 천안시 서북구 하리1길 39

❀ 전화 : 010-2239-0675

❀ ISBN : 979-11-87802-25-9

셋트 ISBN: 979-11-87802-09-9 (전2권)